Ihr Hobby

Regenbogen-
fische

Harro Hieronimus

INHALTSVERZEICHNIS

Vorwort	3
Was sind Regenbogenfische?	4
Haltung - die Grundlagen	11
Allgemeine Zuchthinweise von Regenbogenfischen	20
Allgemeine Zuchthinweise von Blauaugen	25
Das Beschaffen der Regenbogenfische	26
Krankheiten, Alter und Größe	28
Geschichte der Regenbogenfische im Aquarium	31
Die Regenbogenfische	35
Literaturverzeichnis	79

© 1997 by bede-Verlag, Bühlfelderweg 12, D-94239 Ruhmannsfelden
e-mail: bede-Verlag@t-online.de; Internet: http://www.bede-verlag
Konzept der Reihe „Ihr Hobby…", Herstellung und Gestaltung: bede-Verlag

Alle Rechte vorbehalten. Für Schäden die durch Nachahmung entstehen, können weder Verlag noch Autor haftbar gemacht werden.

Wir danken Aquapress Marie-Paule und Christian Piednoir und Aqualife Taiwan.

ISBN: 3-931 792-45-5
bede-Bestellnummer: HO 360

Vorwort

Regenbogenfische gehören heute zum Standardsortiment fast jeder größeren Zoohandlung. Kaum ein Betrachter kann sich der Faszination der wunderbaren Farben entziehen, die Regenbogenfische zeigen, wenn sie in der richtigen Umgebung präsentiert werden. Der Name der Fische ist im wahrsten Sinne des Wortes Programm, bei vielen Arten lassen sich auf dem Körper tatsächlich alle Farben des Regenbogens wiederfinden.

Australien, terra incognita (unbekanntes Land), diese Bezeichnung galt auch lange für die australischen Fische - und natürlich erst recht für die aus Neuguinea. Erst nachdem die Schiffspassagen immer kürzer wurden, kamen Ende der 20er Jahre die ersten australischen Fische - Regenbogenfische - nach Deutschland und damit auch erstmals nach Europa. Aber schon kurz danach versanken sie wieder etwas in der Vergessenheit.

Erst Anfang der 80er Jahre wurden dann unter größten Schwierigkeiten die ersten Regenbogenfische aus Neuguinea importiert und initiierten den - bis heute anhaltenden - Boom um diese Fische. In immer schnelleren Abständen kamen immer neue Arten zu uns, und heute gehören Regenbogenfische zum Standardangebot des Zoofachhandels.

Trotzdem sind einige Arten bislang fast nur bei Mitgliedern der großen Vereine zu finden, die sich mit Regenbogenfischen beschäftigen, in Europa vor allem die Internationale Gesellschaft für Regenbogenfische e.V. (IRG), die 1986 in Düsseldorf gegründet wurde. Daß dies nicht notwendigerweise so sein muß und nahezu alle Arten von Regenbogenfischen auch für den „normalen" Zoofachhandel und nahezu alle Aquarianer geeignet sind, dazu wurde dieses Buch geschrieben, das Ihnen, lieber Leser, dabei helfen soll, mehr Freude an und mit Regenbogenfischen zu haben.

Zum Aufbau dieses Buchs

In den bisher erschienenen Büchern zu diesem Thema wurden die Regenbogenfische immer in Arten aus Australien und Neuguinea eingeteilt und nur die Blauaugen zusammen behandelt. Von diesem Vorgehen wird hier abgewichen. Aufgrund ihrer Körperform, Herkunft und danach zu wählenden Haltungs- und Zuchtbedingungen können diese Fische nämlich in mehrere Gruppen eingeteilt werden. In diesen Gruppen wird eine Art ausführlich dargestellt, die anderen Arten werden nur noch kurz erwähnt. Auch bei den Blauaugen werden Beispiele vorgestellt, die typisch für diese Familie sind.

Ein Blick in ein gut bepflanztes Aquarium mit Regenbogenfischen wird so schnell nicht vergessen. Foto: G. Maebe.

Was sind Regenbogenfische?

Pseudomugil signifer ist ein Vertreter der Blauaugen. Diese Fische wurden früher zu den eigentlichen Regenbogenfischen hinzugezählt, werden aber heute in einer eigenen Familie geführt. Foto: M.-P. & C. Piednoir

Zu den Regenbogenfischen werden heute zwei wissenschaftliche Familien gerechnet, die Eigentlichen Regenbogenfischen (Familie Melanotaeniidae) und die Blauaugen (Familie Pseudomugilidae). Bis vor kurzem noch vereint, gibt es zahlreiche gute Gründe, die zum Beispiel bei der Beschreibung der Zucht noch näher erläutert werden, beide zu trennen. Trotzdem blieb der Überbegriff ebenfalls Regenbogenfische, er charakterisiert nämlich die nahe Verwandtschaft der beiden Familien. Sie gehören zur wissenschaftlichen Ordnung der Ährenfischartigen, der Atheriniformes. Wenn aber in diesem Buch bei Haltung und Zucht von Regenbogenfischen die Rede ist, dann sind nur die Eigentlichen Regenbogenfische gemeint, die Blauaugen sind immer extra erwähnt.

Um die Entstehung der Regenbogenfische etwas besser kennenzulernen, ist ein Blick in die Erdgeschichte und Evolution nötig. Als sich Australien, das damals noch mit Neuguinea eine einzige Landfläche bildete, im Zuge der Kontinentaldrift vor vielen Millionen von Jahren vom Urkontinent trennte, waren kaum Fische vorhanden, die diesen neuen Kontinent besiedelten. Heute leben in Australien nur zwei Arten, deren Vorfahren nachweislich schon damals dort gelebt hatten, nämlich der Australische Lungenfisch *Neoceratodus fosteri* und der Knochenzüngler *Scleropages leichhardti*, auf Neuguinea sogar kein ursprünglicher Süßwasserfisch. Alle anderen Fische sind erst später in das Süßwasser eingewandert. Ährenfische haben wahrscheinlich schon lange im Küstenbereich gelebt und gelegentlich das Brack- oder sogar Süßwasser aufgesucht. In Australien und Neuguinea fanden diese Fische ideale Voraussetzungen, denn in den Gewässern gab es kaum Konkurrenz und sie konnten sich gut ausbreiten. Auch andere Fische, die sonst nur aus dem

Was sind Regenbogenfische?

Melanotaenia boesemani *trug nach seinem Erstimport sehr zum Erfolg aller Regenbogenfische in der Aquaristik bei. Foto: M.-P. & C. Piednoir.*

Meerwasser bekannt sind, wie die Kreuz- und Aalwelse oder auch Kardinalfische, haben diese Chance genutzt. So leben heute auch noch außen den Regenbogenfischen, die sich inzwischen doch deutlich von den Ährenfischen unterscheiden, ziemlich ursprüngliche Ährenfische in Australien und Neuguinea, Angehörige der Gattung *Craterocephalus*.

Der Vorgang der Einwanderung der Ur-Regenbogenfische dauerte viele Millionen Jahre. Dann jedoch, nach derzeitigen Schätzungen vor etwa 200.000 Jahren, setzte eine rapide Evolution ein. Die ersten Arten der Regenbogenfische, ähnlich denen, die wir heute kennen, sind damals wahrscheinlich entstanden. Während der Eiszeiten gab es zahlreiche Schwankungen im Meeresspiegel. So waren Australien und Neuguinea bis vor etwa 10.000 Jahren noch miteinander verbunden. Auf Karten, die die Oberflächenstruktur des Kontinentalschelfs in der Arafurasee zwischen Australien und Neuguinea zeigen, sind heute noch die Flußläufe zu erkennen. Diese Flüsse mündeten damals am Rande des Kontinentalschelfs in Bereichen, die heute mehr als 100 m unter dem Meeresspiegel liegen. Der nachfolgende und bis heute anhaltende Hochstand des Wassers trennte viele Gewässer, so etwa am australischen Golf von Carpentaria. Dies führte maßgeblich dazu, daß sich weitere Arten und heute noch mit Fundortnamen geführte Varianten entwickelten.

Bis heute sind etwa 80 Arten von Regenbogenfischen wissenschaftlich beschrieben worden, davon 15 Blauaugen.

Noch sind aber sicher nicht alle Arten bekannt und beschrieben. Bei einigen Arten gibt es Fundortvarianten, die doch deutliche Unterschiede zeigen und vielleicht in einigen Jahren als separate Arten beschrieben werden. Außerdem sind einige Bereiche auf Neuguinea, der immerhin zweitgrößten Insel der Erde, noch wenig erforscht, und wie die Beschreibungen der letzten Jahre zeigen, könnten dort noch zahlreiche Überraschungen auf uns war-

Was sind Regenbogenfische?

Melanotaenia affinis ist eine jener Arten, von denen es zahlreiche Farb- und Fundortvarianten gibt. Einige - wie die abgebildete - sind farblich sehr attraktiv. Foto: M.-P. & C. Piednoir.

ten. Letztendlich werden es sicher über 100 Arten von Regenbogenfischen sein. Damit ist es eine kleine, aber vor allem aquaristisch sehr interessante Familie.

Daß die Regenbogenfische eine entwicklungsgeschichtlich noch junge Familie sind, zeigt sich am Umstand, daß es von vielen Arten Farbvarianten gibt. Hier ist besonders zu erwähnen *Melanotaenia trifasciata*. Während der Golf von Carpentaria zur letzten Eiszeit trocken lag, hatten zahlreiche der Populationen noch Kontakt miteinander. Heute münden die Flüsse, die früher fast alle zusammenflossen, jedoch alle in den Golf. Dadurch wurden die Populationen in den einzelnen Flüssen voneinander getrennt und entwickelten sich selbständig weiter. Meerwasser ist nämlich für die Regenbogenfische eine unüberwindbare Barriere. In der relativ kurzen Zeit seit Ende der letzten Eiszeit - wenn auch vielleicht auch vorher schon einige Flüsse keinen Kontakt mehr miteinander hatten - entwickelten sich in praktisch jedem Fluß eigene Farbvarianten. Diese können durch charakteristische Farbkombinationen teilweise sehr leicht auseinander gehalten werden, wenn auch die Unterschiede nicht immer sehr stark sind. Mehr jedoch dazu später, bei der Behandlung der Art.

Dieses Vorkommen von Fundortvarianten hat aber weitreichende Konsequenzen für die Haltung der Arten - zumindest für die Reinhaltung. So gehört bei einem Regenbogenfisch, der aus einer Art stammt, von der Fundortvarianten bekannt sind, nicht nur der Name zur genauen Bezeichnung, sondern auch der Fundort. Entweder wird dieser Fundort an den wissenschaftlichen Namen angehängt, oder, was wesentlich einfacher ist, der Fundortname bildet gleich den deutschen Namen. Beispiel: *Melanotaenia trifasciata* „Goyder River" für Fische vom Fundort Goyder River, einfacher gleich Goyder River-Regenbogenfisch.

Auch wenn andere Regenbogenfische dort vorkommen, so prägt sich dieser Fundortname dennoch leicht ein und trägt dazu bei, daß die Fundortstämme in der Aquaristik rein erhalten werden.

Was sind Regenbogenfische?

Melanotaenia praecox-*Männchen*. Diese prächtig gefärbten Regenbogenfische gehören zu den kleinbleibenden Arten.
Foto: M.-P. & C. Piednoir.

Melanotaenia herbertaxelrodi-*Männchen*. Diese Art benötigt aufgrund der hohen Lage des Heimatgewässers (800 m über dem Meeresspiegel) niedrigere Temperaturen.
Foto: M.-P. & C. Piednoir.

Was sind Regenbogenfische?

Der Jardine River beherbergt mit Iriatherina werneri, dem Schmetterlings-Regenbogenfisch, einen der schönsten Vertreter seiner Familie.
Foto: G. Maebe.

Melanotaenia trifasciata vom Giddy River. Oben Männchen, unten Weibchen.
Foto: G. Maebe.

Da die Wissenschaftler des letzten Jahrhunderts nur konservierte Fische vor sich sahen, konnten sie nicht die Farben erkennen. *Melanotaenia*, die Gattung, nach der die Familie benannt wurde, heißt übersetzt „schwarzes Seitenband". Die Aquarianer aller Welt haben sich nach Kenntnis lebender Fische schnell auf den Namen Regenbogenfische geeinigt, der im englischen „rainbowfishes" und im französischen „poissons d'arc en ciel" heißt. Jeder, der diese Fische lebend sieht, weiß, daß dieser Name ideal gewählt ist.

Ein Wort noch zu den deutschen Namen. In diesem Buch wird der Versuch unternommen, jedem Regenbogenfisch einen deutschen Namen zuzuweisen. Gleichzeitig aber wird der wissenschaftliche benutzt. Das liegt einfach daran, daß bei der internationalen Kommunikation - und die Regenbogenfischfreunde sind weltweit untereinander freundschaftlich verbunden - ein „Blauer Regenbogenfisch" in den USA oder Australien oder auch nur in den Niederlanden eine ganz andere Art bezeichnen kann als in Deutschland. Wo

Was sind Regenbogenfische?

immer möglich, werden deshalb deutsche Bezeichnungen gewählt, die in der Praxis benutzt werden und gleichzeitig auch - übersetzt - in anderen Ländern verstanden werden. Eindeutig sind aber nur die wissenschaftlichen Bezeichnungen, gegebenenfalls mit Fundort.

die Temperatur etwa im Murray-Darling-Bereich unter 14 °C sinkt - das ist nur alle paar Jahre der Fall -, kommt es regelmäßig zu großen Fischsterben unter den Regenbogenfischen. In Bereichen, in denen es regelmäßig im Winter (also unserem Sommer) kälter wird, kommen sie nicht mehr vor. Natürlich können auch die wasserlo-

Melanotaenia boesemania-Weibchen. Weibchen haben etwas kürzere Flossen und in der Balz einen deutlich blauen Vorderkörper.
Foto: M.-P. & C. Piednoir.

Das Vorkommen der Regenbogenfische

Regenbogenfische und Blauaugen kommen nicht nur in Australien und Neuguinea, sondern auch auf den dazwischen liegenden sowie Neuguinea vorgelagerten Inseln vor, sofern diese noch auf dem Kontinentalschelf liegen. In Australien ist die südliche Begrenzung durch die niedrigeren Wintertemperaturen bedingt. Wenn

sen Bereiche Zentralaustraliens und der Großen Sandwüste mangels ganzjährig wasserführender Wasserläufe nicht besiedelt werden.

Auf Neuguinea wird die Verbreitungsgrenze auch durch die Temperatur bestimmt, die hier aber nicht durch den Breitengrad (schließlich liegt Neuguinea am Äquator) vorgegeben wird, sondern durch

Was sind Regenbogenfische?

die Höhe. So sind Regenbogenfischvorkommen aus Gebieten über 1800 m Höhe, in denen eine Durchschnittstemperatur von weniger als 18 °C herrscht, nicht mehr bekannt. Die Sperre durch das bis über 5000 m Höhe reichende Zentralgebirge ist auf Neuguinea so deutlich, daß nur eine einzige Art, nämlich *Chilatherina campsi*, sowohl im Norden als auch im Süden der Central Dividing Range vorkommt.

Innerhalb des Verbreitungsgebiets werden nahezu alle geeigneten Gewässer besiedelt. Es gibt kaum einen Bach, Fluß oder See Australiens oder Neuguineas, in dem es keine Regenbogenfische gibt.

Das Vorkommen der Blauaugen ist dagegen mit zwei Ausnahmen (Rotflossiges und Paska-Blauauge, s. dort) nur auf den Küstenbereich Australiens und Neuguineas bzw. der infrage kommenden Inseln beschränkt. Das heißt jedoch keineswegs, daß die Fische nur im direkten Küstenbereich gefunden werden können, sie kommen durchaus auch in den flacheren Bereichen bis 100 oder mehr Kilometer in das Landesinnere hinein vor.

Kennzeichen der Regenbogenfische

Regenbogenfische und Blauaugen haben einige Gemeinsamkeiten. Typisch sind die zwei Rückenflossen sowie der oft schlanke, seitlich stark zusammengedrückte Körper und das große Auge.

> Regenbogenfische sind schnelle Schwimmer, die in der Natur fast immer in Schwärmen vorkommen, die bei den Blauaugen bis zu tausenden von Exemplaren umfassen können.

Sind die Fische erwachsen, dann fällt die Geschlechtsbestimmung meist leicht. Die Männchen werden oft einige Millimeter größer als die Weibchen, haben deutlich vergrößerte Rücken- und Afterflossen sowie eine kräftigere Färbung. Besonders die zweite Rücken- und die Afterflosse sind ein gutes Merkmal, denn sie ragen bei den Männchen fast immer bis über das Ende des Schwanzstiels hinaus, während sie bei den Weibchen deutlich kürzer sind.

Schwierig wird es jedoch, wenn halbwüchsige Regenbogenfische auf ihr Geschlecht hin bestimmt werden sollen. Bei einzelnen Exemplaren ist dies schwierig, fast unmöglich. Nur im Vergleich mehrerer Exemplare lassen sich meist Fische mit längerer oder zumindest größerer zweiter Rückenflosse unterscheiden. Sucht der Aquarianer die Fische aus, die in diesem Größenvergleich die stärksten Unterschiede aufweisen, so ist es ziemlich sicher, daß auch tatsächlich beide Geschlechter vertreten sind.

Bei den Blauaugen ist eine Unterscheidung der Geschlechter in der Regel erst dann möglich, wenn die fast immer prächtiger gefärbten Männchen beginnen, Farbe zu zeigen. Nur bei einigen Arten bilden sich auch schon früh die verlängerten Flossen aus. Grundsätzlich ist die Geschlechtsbestimmung bei den Blauaugen aber leichter als bei den Regenbogenfischen.

Haltung - die Grundlagen

Das Aquarium
Grundsätzlich kann ein Aquarium für Regenbogenfische gar nicht groß genug sein. Gerade die größeren Arten brauchen viel freien Schwimmraum. Aber die kleinen Blauaugen können auch schon in einem 40 Liter fassenden, die größeren Blauaugen und kleinen Regenbogenfische in einem 80 Liter-Aquarium gepflegt werden.

Hinweis: Alle größeren Arten brauchen Aquarien, die möglichst 100 oder mehr Liter realen Wasserinhalt haben.

Mit Ausnahme einiger Blauaugen, die im Brackwasser gehalten werden sollten, ist das Einrichtungsschema für alle Haltungsaquarien von Regenbogenfischen gleich. Aber Regenbogenfischaquarien sollten so aufgestellt werden, daß etwas Morgensonne hinein fällt. Sie sind nämlich Frühaufsteher und lieben es, mit den ersten Sonnenstrahlen ihre Balz zu beginnen. Dann zeigen sie sich in den allerschönsten Farben, welche die Normalfärbung noch weit in den Schatten stellen. Natürlich kann das Erscheinungsbild auch durch die Beleuchtung (Leuchtstoffröhren in Warmtönen, gemischt mit rötlichen Röhren) beeinflußt werden.

Achtung: Die meisten Regenbogenfische zeigen in zu hellen Aquarien nicht ihre schönsten Farben.

Regenbogenfische gliedern sich gut in Gesellschaftsaquarien ein. Eine sinnvolle Gesellschaft können beispielsweise Ährenfische darstellen, die nicht unbedingt aus der Australischen Region stammen müssen, wie beispielsweise Bedotia geayi *von Madagaskar. Fotos: Dr. J. Schmidt.*

Wer seine Fische in den schönsten Farben sehen will, stellt das Haltungsaquarium so auf, daß zwar einige Stunden Morgensonne hineinfallen können, über den restlichen Tag hinweg jedoch nur mit relativ wenig Licht von außen beleuchtet wird.

Tip: Ein Teil des Aquariums muß dicht bepflanzt werden. Bei der Balz kommt es gelegentlich zu kleinen Streitereien; die unterlegenen Fische müssen sich zwischen den Pflanzen verstecken können.

Auch Wurzeln und andere Dekorationsgegenstände können eingebracht werden. Auf jeden Fall muß aber auch ausreichend

Haltung - die Grundlagen

Auch manche Salmler sind eine mögliche Gesellschaft für Regenbogenfische. Foto: Dr. J. Schmidt.

Neben der dichten Bepflanzung ist ein großer freier Schwimmraum ebenso wichtig. Foto: M.-P. & C. Piednoir

freier Schwimmraum bleiben (mindestens zwei Drittel des Aquariums), in dem sich die Regenbogenfische bevorzugt aufhalten. Aufgrund der empfohlenen, nicht zu starken Beleuchtung eignen sich nicht alle Pflanzen für ein Regenbogenfischaquarium. So sind Pflanzen, die Rottöne zeigen oder ein sehr helles Grün, meist stark lichtbedürftig. Dagegen sind dunklere Pflanzen, wie beispielsweise viele *Cryptocoryne*-Arten, in der Regel weniger lichtbedürftig und daher besser geeignet. Auch unter ihnen gibt es zahlreiche Arten, die eine abwechslungsreiche Bepflanzung des Aquariums zulassen.

Feinfiedrige Pflanzen werden ebenso wie Javamoos oder die Wurzeln von Schwimmpflanzen (z. B. Sumatrafarn) gerne als Ablaichsubstrat benutzt und gehören auch in ein Regenbogenfischaquarium. Sie können auch dazu dienen, einen Teil des Aquariums abzuschatten und so einen dunkleren Bereich zu erzeugen, in dem die Farben der Regenbogenfische besser wirken. Selbstverständlich kann auch in Regenbogenfischaquarien eine Düngung der Pflanzen, zum Beispiel mit Kohlendioxid (CO_2), vorgenommen werden.

Der Bodengrund darf nicht zu hell sein, dann kommen die Farben der Fische viel besser zur Geltung. Lavalit oder ein ähnlich dunkler Bodengrund läßt die Blau- und Rottöne, die viele Fische zeigen, besser zur Geltung kommen.

Während in sonstigen Fällen der Rückwand des Aquariums weniger Aufmerksamkeit gewidmet wird, ist sie in Schauaquarien für Regenbogenfische von großer Bedeutung. Dunkle Töne haben sich als besonders geeignet erwiesen, die „normalen" Rückwande, die Pflanzenlandschaf-

Haltung - die Grundlagen

ten zeigen, lassen die Farben der Fische nicht gut genug zur Geltung kommen. Rückwände aus oder mit Torf sind ebensogut zu verwenden wie solche, die aus geschäumtem Kunststoff oder bearbeitetem Styropor bestehen und dann dunkel (braun bis dunkelbraun) angemalt wurden. Vorsicht ist nur geboten, wenn diese Rückwände nicht hinter dem Aquarium befestigt, sondern in dieses eingebracht werden sollen. Dann ist natürlich darauf zu achten, daß keine Giftstoffe abgegeben werden, wie es bei einigen zu schäumenden Kunststoffen der Fall ist. Auch Kleber, mit denen beispielsweise Torf angeklebt werden soll, müssen wasserfest sein - dann geben sie keine Stoffe an das Wasser ab, die schädlich sein können.

Faustregel: Stoffe, die noch Stunden nach der Verarbeitung stark riechen, sollten besser gemieden werden.

Das Wasser

In manchen Büchern und Artikeln werden Regenbogenfische als typische Hartwasserfische bezeichnet. Diese Einschätzung ist grundfalsch. Nur die ersten importierten Regenbogenfische kamen aus hartem Wasser, fast alle Gewässer Australiens und Neuguineas sind aber relativ bis sehr weich. Der pH-Wert liegt aber trotzdem selten im deutlichen sauren Bereich, in der Regel liegt er zwischen 6 und 8. Da - wie beschrieben - die Regenbogenfische noch relativ nahe mit Meerwasserfischen ver-

Chilatherina bleheri-*Männchen. Bei dieser Gattung sind die Geschlechter leicht zu unterscheiden, da die Weibchen silbrig sind.*
Foto: M.-P. & C. Piednoir.

13

Haltung - die Grundlagen

Balzende Iriatherina werneri. Foto: M.-P. & C. Piednoir.

wandt sind, haben sie aber die Fähigkeit behalten, sich auf unterschiedliche Härtegrade schnell einzustellen. Und da in der aquaristischen Praxis das etwas härtere Wasser leichter zu handhaben ist (z. B. werden bei einer etwas höheren Karbonathärte pH-Wert-Schwankungen vermieden), ist es nicht falsch, Regenbogenfische in härterem Wasser zu halten. Aber sie kommen auch mit weichem Wasser sehr gut zurecht.

Das gilt allerdings nicht für zahlreiche Blauaugen, die im Brackwasser zuhause sind. Dies wird aber im speziellen Teil behandelt.

Besonders die australischen Arten, die nicht aus dem Norden kommen, sind an jährliche Schwankungen erheblichen Ausmaßes gewöhnt. Aber auch auf Neuguinea, obwohl in Äquatornähe, gibt es wegen der Höhe mancher Herkunftsorte überraschend kühle Gewässer. Besondere Ansprüche sind bei den einzelnen Arten erwähnt, aber generell sollten Aquarien mit Regenbogenfischen bei Temperaturen zwischen 22 und 26 °C betrieben werden.

Hinweis: Viele der Heimatgewässer der beliebtesten Arten sind glasklar. Deswegen, und wegen des starken Stoffwechsels der Fische, ist eine gute Filterung unverzichtbar.

In größeren Aquarien haben sich Außenfilter bewährt, die mindestens die dreifache Menge des Aquarieninhalts pro Stunde umwälzen. Der eigentliche Filter muß dabei mit einem kleinen Vorfilter vor zu starker Verschmutzung gesichert werden. Der Vorfilter wird wöchentlich gereinigt, der Hauptfilter möglichst nur halbjährlich, damit die Bakterienkultur, die sich dort gebildet hat und die den Stickstoffabbau leistet, dort ungestört seine Arbeit verrichten kann. Natürlich soll auch ein regelmäßiger Teilwasserwechsel vorgenommen werden. Alle zwei bis drei Wochen wird dazu bis zu ein Drittel des Aquarienwassers ausgetauscht. Beim Wasserwechsel darf die Temperatur im Aquarium ruhig um 1 bis 2 °C sinken, das entspricht durchaus den Verhältnissen in der Heimat der Regenbogenfische nach einem starken Regenfall.

Obwohl - wie erwähnt - Regenbogenfische häufig in weichem Wasser vorkommen,

Die Haltungstemperaturen der Regenbogenfische richten sich nach ihrer Herkunft.

Haltung - die Grundlagen

zeigt sich bei der Pflege schnell, daß es für die meisten Arten keinen Unterschied macht, wie hart das Wasser ist. Spezielle Ansprüche werden bei den einzelnen Arten erwähnt. Daher ist es ratsam, keine Experimente zu unternehmen und erst einmal zu versuchen, ob das normale Leitungswasser nicht bereits geeignet ist. Und wenn es nicht zufriedenstellend mit Haltung und Zucht klappt, müssen erst alle anderen Faktoren untersucht werden, bevor die Wasserbedingungen geändert werden.

Etwas anders ist es mit dem pH-Wert - aber nicht problematischer. Fast immer liegt er in den natürlichen Gewässern der Regenbogenfische zwischen 6 und 8. Im Aquarium sollte er deswegen zwischen 6,5 und 7,5 liegen, je präziser er sich der Neutralmarke (dem pH-Wert von 7) nähert, um so besser ist es. Da das Leitungswasser fast immer alkalisch ist, sich im Aquarium jedoch bald eine Senkung einstellt (ansonsten kann als einfaches Hilfsmittel ein größerer Bestand von Javamoos eingebracht werden), braucht also normalerweise nichts am pH-Wert des Leitungswassers getan zu werden.

Das Futter

Regenbogenfische sind Allesfresser. Grundlage kann Trockenfutter (Flockenfutter) bilden. Obwohl die Regenbogenfische ein großes Maul haben, nehmen sie gerne kleines Futter, deswegen darf das Trockenfutter nicht zu großflockig oder -körnig sein.

Daneben sollte natürlich auch regelmäßig Lebendfutter gereicht werden. Auch die größten Regenbogenfische nehmen noch die winzigen *Artemia*-Nauplien, zumindest, wenn sie dieses Futter schon als jüngere Fische bekommen haben. Es sieht amüsant aus, wenn die großen Fische vehement die winzigen Nauplien jagen, aber es trägt durch die zusätzliche Bewegung sicher zu ihrem Wohlbefinden bei. Aber auch Wasserflöhe und Mückenlarven (alle Arten) kommen infrage, selbstverständlich am besten frisch aus dem Teich gefangen. Große Fische nehmen auch gerne gehackte Regenwürmer in kleinen Portionen.

Daneben fressen die größeren Regenbogenfische aber auch Grünfutter. Gelegentlich sind sie vielleicht auch einmal beim Zupfen an den Pflanzen zu sehen, aber Schäden durch Regenbogenfische sind sel-

Salinenkrebse sind sowohl erwachsen als auch als Nauplien ein ideales Futter für Regenbogenfische.

Rote Mückenlarven sind ebenfalls ein gutes Futter. Fotos: bede-Verlag.

15

Haltung - die Grundlagen

Trockenfutter ist durchaus eine akzeptable Nahrung. Foto: bede-Verlag.
unten: *Glossolepis incisus-Männchen. Foto: Aqualife Taiwan.*

ten. Erstaunlicherweise bevorzugen die größeren Arten aber Wasserlinsen.

In keinem Aquarium, das mit großen *Melanotaenia*-Arten besetzt ist, wird es noch Wasserlinsen geben.

Die Futtermengen, die Regenbogenfische zu sich nehmen können, sind erheblich. In der Natur ist das Futter-

angebot oft nicht regelmäßig, und deswegen wird meist alles gefressen, was sich bietet. Das führt aber leicht zur Leberverfettung und zu einer höheren Krankheitsanfälligkeit. Aus diesem Grund sind erwachsene Regenbogenfische nur einmal täglich zu füttern, und auch ein wöchentlicher Fastentag sollte eingeschaltet werden. An diesen Tagen hungern die Fische nicht etwa, sondern das Aquarium wird aufmerksam nach allem möglichen Futter durchsucht, und vor allem die oben erwähnten Wasserlinsen werden an diesen Tagen gefressen.

Generell haben die meisten Aquarianer die Befürchtung, ihre Fische würden leiden, wenn sie einmal einige Tage nichts zu fressen bekämen. Das ist sicher nicht der Fall. Normal ernährte, erwachsene Fische können leicht eine und auch zwei Wochen ohne Nahrung auskommen. Solche Perioden gibt es auch in der Natur. Schon weit mehr Fische sind durch wohlmeinende Aushilfspfleger („oh, der kommt ja noch an die Scheibe, der hat bestimmt noch Hunger") zu Tode gefüttert worden - Sauerstoffmangel durch zu viel verderbendes Futter - als verhungert.

Haltung - die Grundlagen

Pseudomugil furcatus ist manchmal noch unter den nicht mehr gültigen Namen Popondetta oder Popondichthys furcata zu finden. Foto: Aqualife Taiwan.

Verhalten

Regenbogenfische und Blauaugen sind typische Schwarmfische, die in der Natur oft in sehr großen Schwärmen vorkommen.

Das heißt aber keineswegs, daß die Regenbogenfischmännchen untereinander nicht imponieren und sich bei einigen Arten, vor allem, wenn es sich um zu kleine oder zu dicht besetzte Aquarien handelt, verletzen könnten. Das trifft auch auf Weibchen zu, die sich nicht als ablaichwillig zeigen und keine Verstecke finden. Deswegen sind Aquarien mit Regenbogenfischen, vor allem, wenn es sich um frisch zusammengesetzte Fische handelt, genau zu beobachten, schon vorab sollten aber ausreichend Verstecke vorgesehen werden. Das Ablaichen findet fast immer paarweise statt, nur selten gelingt es einem weiteren Männchen oder Weibchen, sich dem ablaichenden Pärchen soweit zu nähern, daß es seine Geschlechtsprodukte unterschieben kann. Die Männchen imponieren untereinander und versuchen in Rangordnungsgefechten, ihre Position im Schwarm festzulegen und vor allem den besten Ablaichplatz zu sichern.

Dabei spreizen die Männchen nicht nur ihre Flossen so weit wie möglich, sondern haben bei den meisten Arten auch den sogenannten Balzstrich. Dabei taucht in

Das gilt aber sicher nicht für Jungfische. Diese können bis zu sechsmal, sollten mindestens jedoch zweimal täglich gefüttert werden. Bevor sie etwa sechs Wochen alt sind, dürfen keine Fastentage eingelegt werden. Im allgemeinen Zuchtkapitel wird das Jungfischfutter behandelt. Halbwüchsige Fische erhalten das gleiche Futter wie die Erwachsenen und dürfen auch schon einmal hungern, aber nicht länger als eine (Urlaubs-)Woche.

Blauaugen können grundsätzlich ähnlich gefüttert werden. Allerdings bevorzugen sie eindeutig kleines Lebendfutter und müssen möglichst oft kleine Wasserflöhe, Mückenlarven und vor allem *Artemia*-Nauplien erhalten. Blauaugen sind bei der Nahrungsaufnahme ruhiger. Deswegen ist schnell absinkendes Futter nicht so gut geeignet, es sei denn, im Bodenbereich gibt es andere vergesellschaftete Fische, etwa Panzerwelse.

Haltung - die Grundlagen

*Glossolepis incisus-*Männchen.
Foto: M.-P. & C. Piednoir.

Bruchteilen von Sekunden ein scheinbar leuchtender Pigmentstreifen auf, der von der Schnauzenspitze über den Kopf und Nacken bis zum Anfang der Rückenflosse reicht. Fast immer leuchtet er in den verschiedensten Gelb- und Goldtönen. Nur fast alle Vertreter des *Melanotaenia splendida-* und *M. australis-*Formenkreises

B. *Melanotaenia boesemani*) auch zusätzlich in den Abendstunden.
Nach der Präsentation versucht das Männchen, das Weibchen zum Ablaichsubstrat zu locken. Dazu drängt es das Weibchen und stupst es auch in die Analregion, was sicherlich eine zusätzliche Stimulation für das Weibchen bedeutet. Ist es dem Männchen nun gelungen, das Weibchen zum Ablaichsubstrat zu leiten, schwimmen die Partner parallel nebeneinander und beginnen abzulaichen. Allerdings dienen die ersten Ablaichgänge der Synchronisation und es findet noch keine Ei- oder Spermienabgabe statt. Je nach Art folgen dann mehrere Laichgänge, in denen bis über 100 Eier pro Weibchen und Tag abgelegt werden können, bei den kleineren

Ablaichen bei Glossolepis incisus.
Foto: M.-P. & C. Piednoir.

haben diesen Balzstrich nicht.
Auch in der Balz spielt der Balzstrich eine wesentliche Rolle, denn er wird den Weibchen präsentiert. Dabei schwimmt das Männchen mit gespreizten Flossen wenig vor dem Weibchen auf und ab und zeigt seine prächtigsten Farben. Bei den meisten Arten findet die Balz vor allem in den Morgenstunden statt, bei wenigen Arten (wie z.

Boesemans Regenbogenfisch, Melanotaenia boesemani, *in Normalfärbung.*

Arten ist die Eizahl jedoch deutlich niedriger. Die abgegebenen Eier werden sofort befruchtet. Beim Ablaichvorgang zittern beide Partner stark. Obwohl die Eier stark kleben, werden sie durch die Wasserbewegung beim Zittern - ebenso wie die Spermien - häufig weit in das Ablaichsubstrat geschleudert und sind dort vor den Zugriffen der Eltern und anderen Aquarienmitinsassen besser gesichert, als wenn sie nur auf der Oberfläche kleben würden.

Bei den Blauaugen erfolgen Balz und Ablaichen ähnlich. Imponierende Blauaugenmännchen drehen sich häufig blitzschnell umeinander und spannen die Flossen bis zum Zerreißen. Beschädigungen, wie sie bei den Regenbogenfischen gelegentlich vorkommen, sind bei Blauaugen unbekannt. Das Imponieren der Blauaugen geht so schnell vor sich, daß es praktisch nicht auf einen Film zu bannen ist. Das Ablaichen selbst ist etwas ruhiger - aber immer noch sehr heftig. Ähnlich wie bei den Regenbogenfischen schwimmen die Männchen schnell vor den Weibchen vor und zurück. Dabei werden die Flossen aber auf- und zugeklappt (ein Verhalten, das

Balzendes Chilatherina bleheri-*Paar, oben Weibchen, unten Männchen. Fotos: Dr. J. Schmidt.*

übrigens auch gut beim Sonnenstrahlregenbogenfisch zu beobachten ist). Dann schwimmen beide heftig in das Laichsubstrat hinein, bleiben zitternd nebeneinander stehen und geben ihre Geschlechtsprodukte ab. Im Gegensatz zu den Regenbogenfischen geben die Blauaugenweibchen aber meist nur ein, selten zwei Eier pro Laichgang ab. Auch bei den Blauaugen wird die Synchronisation beim Ablaichen bei einigen Scheinpaarungen geübt. Von einigen kleineren Arten sind nur wenige Eier pro Tag zu erwarten, gelegentlich ist ein Ei pro Tag und Weibchen schon ein guter Erfolg.

Allgemeine Zuchthinweise von Regenbogenfischen

Bei diesem balzenden Chilatherina bleheri-Männchen (unten) ist schön der gelbe „Balzstreifen" der Art erkennbar. Foto: Dr. J. Schmidt.

Regenbogenfische sind in der Regel sehr einfach zu züchten. Für die kleineren Arten reichen bei paarweisem Ansatz 40 Liter-Aquarien, bei den großen Arten 80 Liter-Aquarien. Bei Gruppenansatz müssen die Aquarien etwas größer sein. Als Dekoration und Ablaichplatz kommt ein Busch Javamoos oder ein Ablaichmop in das Aquarium. Heizung, Filter, Licht, und schon ist das Aquarium fertig. Bodengrund braucht nicht vorhanden zu sein.

Tip: Ablaichmops haben Vorteile, wenn die Jungfische nicht im Zuchtaquarium aufgezogen werden sollen, sondern in einem separaten Aquarium.

Zu ihrer Anfertigung wird ein Knäuel aus synthetischer Wolle (echte Wolle kann verderben und ist nicht geeignet) teilweise über eine Pappscheibe abgerollt. Nach vorsichtigem Entfernen der Pappscheibe wird oben ein Auftriebskörper eingebunden (leere Fotodose, Korken, Styropor) und das Bündel darunter zusammengebunden. Der untere Teil wird dann aufgeschnitten, fertig ist der Ablaichmop, der jahrelang Verwendung finden kann. Die meisten Aquarianer bevorzugen dunkelgrüne Wolle, aber die Zuchterfolge sind auch bei braunen oder hellgrünen Mops identisch. Regenbogenfische sind Dauerlaicher. Das bedeutet, daß täglich - meist in den Morgenstunden - abgelaicht wird. Selbst frisch gefangene Fische haben schon Minuten nach dem Fang in den Fotoaquarien abgelaicht, eine Gewöhnungszeit an ein Zuchtaquarium ist also nicht nötig. Die Eizahl schwankt - je nach Ernährungszustand, Art und Größe der Fische - zwischen einigen wenigen und bis zu etwa hundert pro Tag. Die Eier sind klein (Durchmesser etwa 1 mm) und glasklar. Mit kleinen, klebrigen Fädchen hängen sie am Ablaichsubstrat.

Achtung: Ein Teil der Eier fällt möglicherweise gefräßigen Eltern oder anderen Fischen im Gruppenansatz zum Opfer, aber es werden genug übrig bleiben.

Erstaunlicherweise spielt es keine Rolle, ob das Ablaichsubstrat auf dem Boden liegt, im Wasser unter der Oberfläche hängt oder sich in mittleren Wasserschichten befindet. In der aquaristischen Praxis konnten praktisch keine Unterschiede gefunden werden, wenn nur ein Ablaichsubstrat angeboten werden. Besteht eine Wahlmöglichkeit, so werden Substrate in mittleren Wasserschichten, bei Blauaugen in der Nähe der Wasseroberfläche bevorzugt.

Die Eier brauchen etwa sechs bis zehn Tage bis zum Schlüpfen, je nach Art und Wassertemperatur. Ihre weitere Behand-

Die Zucht von Regenbogenfischen

Dieses Glossolepis incisus-*Ei ist 7 Stunden und 10 Minuten alt. Foto: M.-P. & C. Piednoir.*

rium. Eine feinperlige Durchlüftung sollte die einzige Technik sein. Alle zwei Tage wird der Bodengrund abgesaugt und damit ein Teilwasserwechsel vorgenommen.

Hinweis: Das Futter für die Jungfische muß sehr fein sein, da sie so winzig sind.

lung hängt erst einmal davon ab, ob das Zuchtaquarium auch Aufzuchtaquarium sein soll oder nicht. In ersterem Fall werden die Zuchttiere einfach nach sieben Tagen aus dem Aquarium genommen, sind Schwimmpflanzen vorhanden, sieht man oft schon die winzigen Jungfische an der Oberfläche.

Sollen die Jungfische in einem separaten Aquarium aufgezogen werden, so wird entweder alle paar Tage das Ablaichsubstrat in das Aufzuchtaquarium überführt oder der Ablaichmop wird einfach abgelesen. Vor allem auf dunklen Mops sind die Eier (die bis ins Innerste geschleudert werden können, deswegen sorgfältig suchen) gut zu erkennen. Schon wenige Minuten nach der Befruchtung sind sie so hart, daß sie zwischen den Fingern gerollt werden können, ohne Schaden zu nehmen. Eier, die dabei platzen oder weiß geworden sind, waren nicht befruchtet. Im Aufzuchtaquarium, das klein sein kann, muß das gleiche Wasser enthalten sein wie im Zuchtaqua-

Glücklicherweise hat sich aber feinstes Trockenfutter (das viele Züchter selbst herstellen) als hervorragend geeignet erwiesen. Mindestens zweimal täglich, möglichst aber öfter werden die bis zu vier Wochen alten Jungfische mit kleinen Mengen gefüttert, die innerhalb von 30 Minuten gefressen sein sollten. Natürlich können auch Infusorien und Essigälchen zugefüttert werden. Mit getrocknetem Eigelb, feinst zermahlen, läßt sich ebenso ein gutes Jungfischfutter zur Direktverfütterung herstellen wie auch eine Mischung von Eigelb und Wasser (dünnflüssig) ein hervorragender Nährboden für Infusorien ist (wichtig: die Mischung darf nicht unangenehm riechen, dann ist sie verdorben).

Einige Züchter, vor allem in Australien, schwören auch auf das sogenannte „grüne Wasser". Dabei handelt es sich um mikroskopisch kleine Algen. Gelegentlich tritt diese Wasserblüte auch im Aquarium auf, häufiger aber vor allem im Frühjahr im Gartenteich. Ein Aquarium, das einmal mit einem Ansatz dieser kleinen Algen infiziert

Die Zucht von Regenbogenfischen

worden ist und gut beleuchtet wird, kann monatelang ein fast nicht durchscheinendes grünes Gebilde werden. Erstaunlicherweise fühlen sich die Fische in diesem grünen Wasser, wenn die Belüftung stark genug ist, denn die Algen verbrauchen nachts viel Sauerstoff, sehr wohl.

Jungfischaquarien müssen besonders bei Verwendung von „grünem Wasser" vom ersten Tag an leicht belüftet werden (ein kleiner Ausströmer reicht), Futterüberschuß und Kotreste sollten alle ein bis zwei Tage abgesaugt werden. Das fehlende Wasser kann durch Leitungswasser ersetzt werden, allerdings dürfen in den ersten drei Wochen nicht mehr als täglich 5 % des Wassers ersetzt werden.

Ab einem Alter von zwei bis vier Wochen, je nach Entwicklung, können dann *Artemia*-Nauplien oder ausgesiebtes Tümpelfutter zugefüttert werden.

Achtung: Das Jungfischfutter darf aber keinesfalls radikal umgestellt werden, denn die Jungfische haben sich an die bekannte Futterart gewöhnen und stellen sich nur langsam um.

Schon bald können die Jungfische in grössere Aquarien umgesetzt werden.
Je weniger dicht diese Aquarien besetzt sind, um so besser wachsen die Jungfische. Das Wachstum an sich ist eines der Probleme in der Regenbogenfischzucht. Generell gilt, daß alle Regenbogenfische ziemlich langsam wachsen und zwischen einem und anderthalb Jahren brauchen, bis sie erwachsen sind. Leider zeigen viele

Melanotaenia sp.: Kreuzungen, wie diese hier, müssen bei der Zucht der Regenbogenfische vermieden werden, um den Erhalt der Wildformen in unseren Aquarien dauerhaft zu sichern. Foto: M.-P. & C. Piednoir.

Die Zucht von Regenbogenfischen

Arten auch erst in nahezu erwachsenem Zustand ihre wunderschönen Farben. Das macht es etwas schwierig, die Nachzuchten als Halbwüchsige an den Mann zu bringen, wie auch der Handel lieber größere Exemplare verkauft, die dann aber auch teurer sein müssen.

Fast alle in den Handel kommenden Regenbogenfische sind Nachzuchten.

Viele der heute gängigen Arten beruhen auf einem oder wenigen Importen, mit denen dann Nachkommen in großer Anzahl gezüchtet wurden.

Beim paarweisen Ansatz müssen die Fische gut beobachtet werden. Es kommt vor, daß die Männchen die Weibchen zu stark bedrängen. Dann werden die Partner getrennt (bei erneutem Ansatz müssen Verstecke für das Weibchen vorhanden sein, dichte Pflanzenbestände oder hochgestellte Schieferplatten) oder ein zweites Weibchen wird hinzugesetzt. Regenbogenfische können auch gruppenweise angesetzt werden, dann kommt es aber vor, daß mehr Eier gefressen werden als sonst.

Im Gesellschaftsaquarium wird natürlich ebenfalls abgelaicht, und schon so manche Regenbogenfischart ist ungewollt mit einem Pflanzenbusch in ein anderes Aquarium verbracht worden. Es ist erstaunlich, daß die Eier selbst kurzzeitiges Abkühlen oder Erwärmen sehr gut vertragen, ebenso, wie bereits Feuchtigkeitsreste ausreichen. Diese Fische dürfen aber nur aufgezogen werden, wenn nur eine Regenbogenfischart im Haltungsaquarium vorhanden war. Wie erwähnt, sind Regenbogenfische entwicklungsgeschichtlich sehr jung. Das führt dazu, daß sie noch keine starken genetischen Barrieren untereinander errichtet haben und deswegen fast alle miteinander kreuzbar sind, sogar mit Exemplaren anderer Familien (z. B. *Bedotia*, *Telmatherina*). Diese

Melanotaenia lacustris-Männchen. Bei dieser Art zeigen schon die Jungtiere schöne Farben.
Foto: M.-P. & C. Piednoir.

Die Zucht von Regenbogenfischen

Kreuzungsprodukte dürfen nicht aufgezogen werden, die reinen Arten sind schön genug. Viel unangenehmer und an Betrug grenzend ist, daß Kreuzungen unter pseudowissenschaftlichen Fantasienamen in den Handel gebracht werden, wie schon mehrfach passiert. Melanotaenia greeti, M. marci, M. hammeri und Glossolepis boesemani sind einige solcher Fantasienamen, unter denen sich ausschließlich Kreuzungen verbergen.

Hinweis: **Glücklicherweise sind viele Kreuzungsprodukte nicht fruchtbar.**

Zwar kommt es zu Eiabgaben, aber die Zahl ist gering und die Eier erweisen sich schnell als nicht befruchtet.

Gerade die Regenbogenfische eignen sich gut, um erste Zuchterfahrungen zu machen, und groß ist die Enttäuschung, wenn sich die teuer erworbenen Fische als Kreuzungen herausstellen, bei denen die Zucht nicht gelingt. Wenn schon unbedingt Kreuzungen verkauft werden sollen (einige wachsen schneller zu verkaufsfähigen Tieren heran, der Züchter verdient dann vielleicht eher Geld), dann doch bitteschön als Kreuzungsprodukte, zum Beispiel unter deutschen Fantasienamen und mit dem Hinweis darauf, daß es Kreuzungen sind. Eine Notwendigkeit für solche Fische gibt es aber nicht, denn unter den reinen Arten finden sich viel schönere Arten als unter den Kreuzungsprodukten.

Obwohl in der Natur in vielen Gewässern mehrere - gelegentlich bis zu vier - Arten von Regenbogenfischen vorkommen, sind Hybriden dort eine ausgesprochene Seltenheit. Gerald ALLEN konnte unter tausenden von Regenbogenfischen, die er gefangen hat, ganze zwei Kreuzungsprodukte finden. Offensichtlich funktionieren dort die Isolationsmechanismen, während es bei den gleichen Arten - im Aquarium gehalten - jederzeit zu Kreuzungen kommen kann.

Gelegentlich wird noch eine weitere Zuchtmethode angewandt. In Artaquarien, in denen Fische nur einer Art bereits als Jungfische zusammen gehalten wurden, kommt es relativ häufig dazu, daß sich später zahlreiche Jungfische entwickeln und zwischen den Alttieren aufwachsen. Hier können die Jungfische dann einfach entnommen werden. Werden die Elterntiere aber auch nur wenige Tage in einem anderen Aquarium untergebracht, ist es mit dieser Zucht vorbei. Vor allem die kleineren Regenbogenfische lassen sich teilweise auf diese Art züchten, und es fallen immer mehr Nachzuchten an, als für die eigene Arterhaltung gebraucht werden.

Allgemeine Zuchthinweise von Blauaugen

Auch Blauaugen sind Dauerlaicher. Ihre Eier sind aber größer (Durchmesser bis 2 mm), ebenfalls glasklar, und sie brauchen etwa 14 Tage bis zum Schlupf. Wie bei den Regenbogenfischen ist auch bei den geschlüpften Blauaugen der Dottersack bereits fast aufgebraucht und sie müssen nach spätestens einem Tag gefüttert werden. Da sie aber größer als Regenbogenfischjunge sind, fressen die meisten sofort frisch geschlüpfte *Artemia*-Nauplien, aber auch feines Trockenfutter.

Pseudomugil furcatus-Männchen.

Blauaugen werden möglichst im Schwarm gezüchtet, da die Eizahl sehr gering ist. Nur zwischen einem und vielleicht 15 Eiern werden täglich pro Weibchen abgegeben. Eine probate Methode besteht deswegen darin, die Blauaugen, die sowieso am besten im Artaquarium gehalten werden sollten, in einem Aquarium mit dichter Schwimmpflanzendecke zu züchten. Die Jungfische schwimmen dann zwischen den Pflanzen und können täglich mit einem Löffel herausgefangen werden. Einige werden sicher auch so durchkommen, aber auch viele Blauaugen stellen Eiern und Jungfischen nach, wenn auch nicht so intensiv wie die Regenbogenfische.

Peudomugil signifer, Männchen. Fotos: Dr. J. Schmidt.

Blauaugen wachsen schneller als Regenbogenfische und können schon nach zwei Monaten geschlechtsreif sein. Mit vier Monaten sind nahezu alle Arten ausgewachsen.

Eine Besonderheit bilden die Blauaugen aus dem Brackwasser. Eine Zuchtmethode für diese Arten ist im Artenteil bei *Pseudomugil cyanodorsalis* beschrieben.
Kreuzungen sind bei Blauaugen übrigens nahezu unbekannt, nur von *Pseudomugil furcatus* und *P. connieae* soll es - unfruchtbare - Kreuzungsprodukte gegeben haben. Insofern können Jungfische, die aus einem Aquarium stammen, in denen mehrere Arten von Blauaugen gehalten werden, bedenkenlos aufgezogen werden.

Das Beschaffen der Regenbogenfische

Ein Männchen des Timaroodom-Regenbogenfischs, Melanotaenia fluviatilis *von Timaroodom. Foto: Dr. J. Schmidt.*

Wer sich für eine bestimmte Art von Regenbogenfischen entschieden hat, wird sich sicher erst einmal in das gewohnte Zoogeschäft begeben und dort schauen, vielleicht auch nachfragen. Schnell wird sich herausstellen, daß die meisten Zoogeschäfte, wenn überhaupt, nur eine kleine Auswahl von vier bis sechs Arten anbieten, unter denen sich fast immer *Melanotaenia maccullochi, M. boesemani, M. lacustris* und *Glossolepis incisus* befinden, in letzter Zeit häufig auch *M. praecox*. Der Fund von Blauaugen oder des etwas empfindlicheren *Iriatherina werneri* ist dagegen schon ein Glücksfall. Nur in den wenigen großen Aquariengeschäften findet sich manchmal eine Auswahl von mehr als zehn Arten von Regenbogenfischen sowie zwei oder drei Blauaugen. Wer aber ganz bestimmte Arten sucht oder auch eine größere Palette pflegen möchte, ist jedoch auf andere Wege angewiesen.

Tip: Es ist überhaupt nicht schwierig, Regenbogenfische auch über längste Strecken zu transportieren, denn dies findet in der Regel als Eier statt.

Frisch abgelaichte Regenbogenfischeier können bis zu etwa sieben Tagen unterwegs sein, die von Blauaugen sogar noch länger. So haben australische Züchter sogar schon Regenbogenfischfreunde in Sibirien mit Blauaugeneiern versorgen können.

Der Versand selbst ist recht einfach. Die frisch abgelegten Eier werden vom Ablaichsubstrat (hierzu sollten dann allerdings nur Javamoos oder Ablaichmops Verwendung finden) mit möglichst vorher gut gewaschenen Fingern abgelesen und an ein mehrere Zentimeter langes, angefeuchtetes Stück Acrylwolle geheftet (die Eier kleben stark, deswegen muß der Züchter darauf achten, daß keine Eier an den Fingern haften bleiben). Mehr als 15 Eier sollten nicht auf dem Wollstück Platz finden. Dann wird dieser Faden in ein stabiles Glasröhrchen (möglichst mit Schraubverschluß, aber keine leeren Medikamentenröhrchen verwenden, es sind immer noch Medikamentenreste darin!) oder eine Fotodose gesteckt, das Röhrchen oder die Dose werden halb mit Wasser gefüllt. Damit der Wollfaden etwas stabilisiert wird, werden nun einige weitere Fäden hinzugegeben.

Einige Züchter wässern das Wollstück vorher in einer Methylenblaulösung oder setzen dem Wasser im Transportbehälter soviel Methylenblau zu, daß es hellblau erscheint.

Das Beschaffen der Regenbogenfische

Das verhindert das Verpilzen der Eier, wenn eines der Eier etwa nicht befruchtet war und sich deswegen nicht entwickelt, sondern abstirbt.

Diese Behälter werden nun in einem geeigneten, kleinen Styroporbehälter verpackt und per Luftpost an den Empfänger aufgegeben. Natürlich verbietet sich ein solcher Versand in unserem Winter, aber in den kritischen Jahreszeiten Frühling und Herbst, in denen es manchmal recht kühle Nächte gibt, hilft es, wenn einige Behälter mit Fett als gutem Wärmespeicher gefüllt einfach mittransportiert werden. Natürlich gibt es keine Schlupfgarantie für die Eier an ihrem Bestimmungsort, aber auf diesem Weg haben sich die meisten Regenbogenfischarten auf der ganzen Welt verbreitet.

Lebende Fische mit der Post zu verschicken, ist in Deutschland derzeit nicht gestattet. Sollte es wieder erlaubt werden, ist darauf zu achten, daß der Transport nicht länger als zwei Tage dauert. Zahlreiche Regenbogenfischfreunde stehen vor dem Problem, daß sie ihre Fische über einen Zeitraum von bis zu drei Tagen nicht in einem Aquarium halten können, sondern in Plastikbeuteln. Dies ist durchaus lösbar, ohne den Fischen zuviel zuzumuten. So dürfen Fische, die transportiert werden sollen, mindestens einen Tag vorher nicht mehr gefüttert werden, damit das Wasser nicht unnötig durch Stoffwechselprodukte belastet wird. Die Plastikbeutel (möglichst solche mit rundgeklebten Ecken, damit sich die Fische dort nicht einklemmen können) sind groß genug zu wählen. Für eine Gruppe von sechs halbwüchsigen, also etwa 5 cm langen Regenbogenfischen darf der Inhalt nicht unter acht Litern liegen, nur Blauaugen oder noch kleinere Jungfische (mindestens zwei Zentimeter sollten sie aber schon sein, bevor man sie überhaupt transportiert) dürfen auch in etwas kleineren Beuteln transportiert werden. Die Beutel werden mindestens zu einem Drittel, höchstens jedoch zur Hälfte mit Wasser gefüllt, der Rest ist Luft. Die Beutel kommen dann in eine dicht schließende Styroporbox, die an einem temperierten Ort untergebracht werden muß. Mindestens zweimal täglich sind alle Beutel zu kontrollieren, schon bei leichten Trübungen ist ein Wasserwechsel von 20 bis 30 % der Wassermenge vorzunehmen - natürlich muß dann auch mehrmals nachkontrolliert werden. Wasserbewegungen, wie etwa bei einem Autotransport, erhöhen den Sauerstoffgehalt im Wasser und schaden den Fischen - entgegen einer weitverbreiteten Ansicht - nicht.

Achtung: Keinesfalls darf im Transportbeutel gefüttert werden, eine drei- bis viertägige Fastenperiode schadet keinem gesunden Regenbogenfisch.

Das Gähnen der Regenbogenfischen, hier Melanotaenia boesemani, *ist oft ein Zeichen dafür, daß die Fische gestreßt sind.*
Foto: Dr. J. Schmidt.

Krankheiten, Alter und Größe

Rhadinocentrus ornatus. Bei von Natur aus schlanken Fischen ist es besonders schwierig zu erkennen, ob sie gesund sind. Foto: Dr. J. Schmidt.

Wann jedoch ist ein Regenbogenfisch gesund? Besonders vor dem Kauf ist diese Frage wichtig.

Dafür gibt es einige äußere Kennzeichen, auf die jeder Käufer unbedingt achten sollte. So müssen die Fische natürlich in normaler Schwimmlage schwimmen, dürfen nicht heftig atmen oder sich an Gegenständen scheuern. Der Körper darf nicht an Rücken oder Bauch eingefallen sein, Rücken- und Bauchlinie müssen durchgehend sein und dürfen keine Einkerbungen aufweisen. Unnatürlich schlanke Fische (natürlich nicht bei den schlanken Arten) sind ebenfalls ein Hinweis auf unzureichende Ernährung und Haltung.

Bei Regenbogenfischen gibt es aber noch einige zusätzliche Kennzeichen, welche die Qualität der angebotenen Fische anzeigen. So kommt es in Massenzuchten immer wieder vor, daß nicht alle Flossen richtig ausgebildet sind, das heißt daß einige Fische in ihren Rückenflossen (bei anderen Flossen ist dies bisher nicht beobachtet worden) zu wenige Flossenstrahlen haben, sie sind einfach zu kurz. Zwar läßt sich mit diesen Fischen durchaus noch züchten, aber nur durch strengste Auslese können wieder Fische erzeugt werden, die der Ursprungsform gleichen. Ein schwieriger zu beobachtendes Kennzeichen ist die Ausbildung der Schuppenreihen. Bei einwandfreien Regenbogenfischen sind die Schuppen auf der Körperseite in vollkommen symmetrischen Reihen angeordnet. Bei Nachzuchten, die ohne Auslese aufgezogen werden, kommt es dagegen in zahlreichen Fällen zu Unregelmäßigkeiten, die Schuppenreihen verlaufen ineinander oder sind miteinander verschachtelt - Fehlbildungen, die in der Natur noch nicht beobachtet werden konnten.

Ansonsten sind Regenbogenfische gegenüber den „normalen" Fischkrankheiten ausgesprochen wenig anfällig. In meiner langjährigen Praxis mit diesen Fischen hatte ich noch nie ein Exemplar, das an der durchaus nicht seltenen Weißpünktchenkrankheit (*Ichthyophthirius multifiliis*, etwa millimetergroße Pünktchen vor allem auf den Flossen) oder Samtkrankheit (*Oodinium*, feinere Pünktchen, die den Fisch samtartig überziehen, befallene Fische scheuern sich oft an Einrichtungsgegenständen) erkrankt war. Sollten diese Krankheiten doch einmal auftreten, so gibt es im Handel ausreichend gute Medikamente oder Medizinalfutter, die bei rechtzeitiger Anwendung zur schnellen Heilung der Fische führen.

In zu kleinen Aquarien oder bei ungewöhnlichen Störungen, die die Fische veranlassen, sich hektisch durch das Becken zu bewegen, kommt es gelegentlich zu Verletzungen, vor allem im Maulbereich, die dann verpilzen. Verpilzungen treten auch auf, wenn sich rivalisierende Männchen einmal zu stark gestritten haben (bei ersten Anzeichen von Auseinandersetzungen mit Verletzungen sofort trennen!) oder Weibchen zu stark bedrängt worden sind (auch hier trennen!). Starke Verpil-

Krankheiten, Alter und Größe

zungen können vorsichtig mit einer Pinzette abgezupft werden, während der Fisch im Netz liegt. Ansonsten helfen handelsübliche Medikamente meist zuverlässig.

Ein besonderes Problem, das sich so eigentlich nur bei Regenbogenfischen äußert und bei Blauaugen bislang unbekannt ist, sind äußerlich auftretende Geschwüre. Dabei wird die äußere Haut - meist auf den Körperseiten, aber auch im Kopfbereich - oft flächig zerstört. Die Wunden scheinen richtig tief zu sein und können auch anfangen zu bluten.

Zwei bakterielle Ursachen sind es, die bislang gefunden werden konnten. Meist handelt es sich wahrscheinlich um die Infektion mit der Fischtuberkulose, verursacht durch Bakterien der beiden nahe verwandten Arten *Mycobacterium marinum* und *M. fortuitum*. Ebenso häufig wurden jedoch auch *Aeromonas*-Bakterien gefunden (*Aeromonas hydrophila*), die die gleichen Erscheinungen hervorgerufen haben. Die Behandlung beider Erkrankungen ist ausschließlich mit Antibiotika möglich, aber auch dann mit wenig Erfolgsaussichten.

Ursache für das Ausbrechen dieser Krankheiten, also das Auftreten von Geschwüren, ist meist eine plötzliche Milieuänderung. Das kann ein plötzlicher Wechsel der Wasserzusammensetzung sein, häufig ist es auch ein plötzlicher Wechsel der Haltungstemperatur. Regenbogenfische, die über längere Zeit relativ kühl gehalten wurden und dann plötzlich mehrere Grad höheren Temperaturen ausgesetzt sind, scheinen die Geschwüre besonders häufig zu entwickeln. Das Erstaunliche ist jedoch, daß diese Geschwüre zum einen nicht besonders ansteckend sind, zum anderen in einem Gesellschaftsaquarium oft nur eine von mehreren Arten befallen wird.

> **Hinweis:** **Gesunde Regenbogenfische sind nicht sehr anfällig gegenüber Bakterien.**

Werden die Haltungsbedingungen optimiert (klares Wasser, viel Wasserwechsel, nicht zu hohe Haltungstemperaturen), kommt es gelegentlich zur Heilung. Die abgeheilten Flächen sind allerdings bei den Fischen deutlich zu erkennen.

Selbst mit bakteriell erkrankten Fischen kann in der Anfangsphase noch gezüchtet werden, bevor sie zu sehr geschwächt sind. Die Jungfische sind normalerweise nicht befallen. Stark befallene Fische müssen jedoch entfernt und abgetötet werden. Dabei hat sich das Einfrieren als tierschutzgerechte Methode erwiesen, die den Tieren kein unnötiges Leid zufügt.

> **Achtung:** **Fischtuberkulose kann auch den Menschen befallen.**

Die entsprechenden Bakterien kommen übrigens in nahezu jedem Aquarium vor, da Fische eine natürliche Widerstandskraft gegenüber Bakterien haben, müssen sie nicht daran erkranken. Deswegen sollten alle Aquarianer, die in Bereichen vor allem der Arme, die mit Aquarienwasser in Kontakt gekommen sind, eitrige Pickel bekommen, die nicht abheilen wollen, ihrem Arzt den Verdacht auf Fischtuberkulose mitteilen. Mit offenen Wunden dürfen Aquarianer keinesfalls in das Aquarium greifen, denn dann steigt selbstverständlich die Infektionsgefahr.

Krankheiten, Alter und Größe

Alter und Größe

Im Aquarium können Fische wahrscheinlich viel älter als in der Natur werden. Schließlich haben sie im Aquarium keine natürlichen Freßfeinde und, bei entsprechender Aufmerksamkeit, auch optimale Bedingungen. So kann man - wie Untersuchungen aus anderen Gebieten zeigen - davon ausgehen, daß die meisten Regenbogenfische in der Natur kaum älter als zwei Jahre werden.

Hinweis: Im Aquarium haben schon zahlreiche Regenbogenfische ein Alter von zehn oder sogar mehr Jahren erreicht. Dabei sind sie bis ins hohe Alter fortpflanzungsfähig.

Eine Folge des höheren Alters, aber sicher auch des guten Futterangebots im Aquarium ist, daß die Regenbogenfische im Aquarium deutlich größer werden können als in der Natur. So können - entsprechend große Aquarien vorausgesetzt - Lachsrote Regenbogenfische oder auch Boesemans Regenbogenfische eine Länge von deutlich über 20 Zentimetern erreichen. Das gilt auch für zahlreiche andere der groß werdenden Regenbogenfischarten. In der Natur sind dagegen 12 cm große Regenbogenfische schon außergewöhnlich große Exemplare, sie werden nur bei einigen Arten verzeichnet.

Wenn bei der Artbeschreibung Längenangaben gemacht werden, dann beziehen sich diese immer auf die höchsten bekannten Längen in der Natur, sie können also im Aquarium durchaus auch deutlich überschritten werden, aber die Erfahrungen und Berichte hierzu sind so lückenhaft, daß eine Aufstellung nicht vollständig und schnell überholt wäre.

Melanotaenia boesemani.
Foto: M.-P. & C. Piednoir.

Geschichte der Regenbogenfische im Aquarium

Die Aquaristik hat sich in Australien erst spät entwickelt und ist auch noch heute ein deutlich weniger verbreitetes Hobby als in unseren Breiten. Zudem hat sie sich aber erst viel später entwickelt. Natürlich hat dazu auch die große Entfernung Australiens von den klassischen Fischexportländern beigetragen, denn bis Ende der 30er Jahre wurden Fischtransporte nahezu ausschließlich mit Schiffen durchgeführt.

Mitte der 20er Jahre war ein Aquarianer namens Alfred RUDEL nach Queensland ausgewandert, der sein Hobby auch in Australien weiterführen wollte. Er fand hübsche einheimische Fische, vermißte aber bald die „gewohnten" Südamerikaner wie vor allem Skalare. Erfindungsreich schrieb er den Herausgeber der „Wochenschrift für Aquarien- und Terrarienkunde" an, die damals führende deutsche Aquarienzeitschrift, und bot einen Tausch australischer gegen südamerikanische Fische an. Das Angebot wurde dankbar akzeptiert. Zuerst kam 1927 *Melanotaenia duboulayi* nach Deutschland. Sie wurde damals falsch als *M. nigrans* bestimmt. Bei den nur zwei Fischen, die den weiten Weg überlebten, handelte es sich glücklicherweise um ein Pärchen. Weil sich aber die Fische als sehr lebhaft erwiesen und mit den damals durchschnittlich viel kleineren Aquarien nicht so gut zurecht gekommen sind, verschwanden sie bald wieder aus den Aquarien.

Weit erfolgreicher war die Einführung des zweiten Regenbogenfischs, *Melanotaenia maccullochi*. Bis in die heu-

Oben: Pseudomugil-Männchen.

Links: Pseudomugil-Weibchen. Fotos: Aqualife Taiwan.

Geschichte der Regenbogenfische im Aquarium

Glossolepis incisus-Männchens.
Foto: Dr. J. Schmidt.

Auch Grundeln stammen aus der Australischen Region, hier Tateurndina ocellicauda, und werden deshalb auch in der IRG mitbetreut.
Foto: Dr. J. Schmidt.

tige Zeit - sogar die Kriegs- und Nachkriegszeiten überstand *M. maccullochi* in unseren Aquarien - gehört dieser Regenbogenfisch zum Standardangebot größerer Zoohandlungen. Weil er etwas kleiner als *M. duboulayi* ist, wurde er als Zwergregenbogenfisch bezeichnet, *M. duboulayi* dagegen als Großer Regenbogenfisch. Damals waren die australischen und erst recht die neuguineischen Fische außerhalb interessierter Ichthyologenkreise praktisch unbekannt, selbst in Australien gab es bis in die 50er Jahre keine Spezialisten für diese Fische.

1936 wurde dann *Pseudomugil signifer*, das Pazifische Blauauge, als erster Vertreter dieser Familie importiert. Wegen der damals als sehr schwer geltenden Zucht konnten sie sich nicht lange halten.

Obwohl sich die Flugverbindungen nach dem Zweiten Weltkrieg als schnelles Transportmittel für Fische durchgesetzt hatten, waren die australischen Fische außerhalb

Geschichte der Regenbogenfische im Aquarium

des Blickfelds der europäischen, aber auch der amerikanischen Aquarianer. Bis in die Mitte der 70er Jahre gab es keine nachweisbaren Importe, dann gab es erste Importe durch Aquarianer, die als Australienreisende auch die Gewässer etwas näher untersuchten. Vor allem Dr. Jürgen CLASEN, Siegburg, hat sich hier hervorgetan. Mitte der 70er Jahre waren es auch zwei gewerbliche Fischzüchter, die den Lachsroten Regenbogenfisch, *Glossolepis incisus*, und den Schmetterlingsregenbogenfisch, *Iriatherina werneri*, fingen und lebend nach Deutschland brachten.

Der eigentliche Aufschwung der Regenbogenfische zu ihrer heutigen Bedeutung ist aber untrennbar mit zwei Namen verbunden: Dr. Gerald R. ALLEN und Heiko BLEHER. Mitte der 70er Jahre übernahm Jerry ALLEN den Posten als Kurator für Fische am Western Australian Museum in Perth und machte sich daran, die australische, bald darauf auch die neuguineische Fischwelt (Meer- und Süßwasser) zu erforschen. In alten Sammlungen fand er schon viele neue Arten, aber schnell entdeckte er auch zahlreiche weitere Arten. Zusammen mit Heiko BLEHER, der unter anderem bei Frankfurt einen Zierfischgroßhandel betrieb, gelang es dann, nicht nur in bislang unerreichte Gebiete Neuguineas vorzudringen, sondern Fische von dort auch lebend mitzubringen und für den Aquarienhandel zugänglich zu machen. Den Anfang machte 1982 *Melanotaenia boesemani*, zahlreiche weitere Arten folgten bis in die neuste Zeit. BLEHER ist es zu verdanken, daß fast alle Neueinführungen von Regenbogenfischen zuerst Deutschland erreichten und wir hier heute bei den Züchtern, zusammen mit Belgien und den Niederlanden, das weltweit größte Sortiment an Regenbogenfischen haben. Einen deutlichen Aufschwung nahm die Haltung und Zucht von Regenbogenfischen auch nach der 1986 erfolgten Gründung der Internationalen Gesellschaft für Regenbogenfische e.V. (IRG), an der der Autor maßgeblich beteiligt war. Bei IRG-Mitgliedern werden Arten und Fundortformen rein erhalten, der Austausch von Fischen (z. B. auf dem jährlichen Haupttreffen, das abwechselnd in Deutschland und den Nachbarländern stattfindet) und Informationen (vor allem im „Regenbogenfisch", der Mit-

Ein junges Melanotaenia lacustris-Männchen. Foto: Aqualife Taiwan.

Geschichte der Regenbogenfische im Aquarium

Ein Bedotia geayi-*Weibchen. Die Art stammt von der afrikanischen Insel Madagaskar. Foto: Dr. J. Schmidt.*

gliederzeitschrift der IRG) ist sehr rege. Bereits einige Jahre vorher war die ANGFA (Australia New Guinea Fishes Association) in Australien gegründet worden, die sich zwar auch um die anderen australischen Fische kümmert, Regenbogenfische und Blauaugen bilden aber den Schwerpunkt. Nur ein Jahr nach der IRG wurde in den USA die Rainbowfish Study Group (RSG) gegründet. Auch in Großbritannien und Skandinavien existieren Vereinigungen (BRAGS und SRGS), die sich speziell mit Regenbogenfischen beschäftigen. Die Beziehungen aller Gruppen untereinander sind eng, wozu nicht zuletzt in den letzten Jahren auch das Internet mit seinem World Wide Web einen guten Teil beiträgt.

Ein schönes Bedotia geayi-*Männchen. Die Art ist ein Ährenfisch und besitzt deshalb viele Gemeinsamkeiten zu den Regenbogenfischen. Foto: Aqualife Taiwan.*

Die Regenbogenfische

Melanotaenia parkinsoni-Männchen. Foto: Aqualife Taiwan.

Wie bereits erwähnt, sollen die Regenbogenfische hier in Gruppen behandelt werden, einige einzeln stehende Arten allerdings auch separat. Dabei richtet sich die Bezeichnung dieser Gruppen nicht nach der bekanntesten Art, sondern, wie es in der Fischkunde üblich ist, nach der zuerst beschriebenen. Innerhalb einer solchen Gruppe kann von einer relativ nahen Verwandtschaft ausgegangen werden, obwohl dies im Einzelfall einer weiteren Überprüfung bedarf. In letzter Zeit beschäftigen sich aber einige australische Wissenschaftler mit der weiteren Erforschung der Regenbogenfische und ihres Verhältnisses untereinander sowie zu den verwandten Arten, so daß hier noch interessante Ergebnisse erwartet werden können.
Die Angabe der Färbung bezieht sich bei den Fundortvarianten immer auf die Männchen, die Weibchen sind sich untereinander oft sehr ähnlich. Deswegen dürfen auch Fundortformen niemals zusammen in einem Aquarium gepflegt werden, weil eine sichere Unterscheidung der Weibchen nicht mehr möglich wäre.

Gattung *Melanotaenia*

Melanotaenia maccullochi-Gruppe
Die Angehörigen dieser Artengruppe gehören zu den kleineren Vertretern der Regenbogenfische. In der Natur erreichen sie selten mehr als 7 cm Länge. Die Körperhöhe erreicht bei ausgewachsenen Männchen nur etwa 30 bis 40 % der Körperlänge (ohne Schwanzflosse), Weibchen bleiben etwas schlanker. Männchen und

Melanotaenia

Auch in seiner australischen Fundortform ist der Zwergregenbogenfisch, Melanotaenia maccullochi, *ein attraktiver Aquarienbewohner. Foto: H. Hieronimus.*

Aus Papua-Neuguinea stammen Zwergregenbogenfische, die sich farblich deutlich von den meisten australischen Artgenossen unterscheiden. Foto: Maleck.

Weibchen werden annähernd gleich groß, die Weibchen sind auf dem Körper nur wenig blasser als die Männchen. Letztere haben allerdings größere und buntere Flossen, die aber auch bei ausgewachsenen Männchen nur bis an das Schwanzstielende reichen.

Haltung: Aquarien ab 80 l Inhalt reichen für einen Schwarm von bis zu einem Dutzend erwachsener Fische aus. Da diese Fische untereinander sehr verträglich sind, brauchen nur wenige Verstecke für unterlegene Fische vorhanden zu sein.

Die ersten *M. maccullochi* wurden aus der Gegend von Brisbane importiert. Dort gibt es, im Gegensatz zu fast allen anderen Bereichen Australiens und Neuguineas, hartes Wasser. So entstand das Vorurteil, Regenbogenfische wären Hartwasserfische.

Zucht: Einfach. Obwohl die Fische relativ klein sind, sind sie ziemlich produktiv.

Während eines sechstägigen Ansatzes können bis zu 500 Eier abgelegt werden. Die Aufzucht der Jungfische ist einfach, Besonderheiten gibt es keine. Nach vier bis fünf Monaten haben die Jungfische eine Länge von 30 mm erreicht und damit auch schon die Geschlechtsreife.

Melanotaenia maccullochi OGILBY, **1915**
Zwergregenbogenfisch

Vorkommen: Nordaustralien (Queensland) und südwestliches Papua-Neuguinea.

Mindestens vier unterschiedliche Fundortvarianten können unterschieden werden. Bei allen sind die Streifen zwischen den Körperreihen braunrot, ein Längsstreifen ist nicht erkennbar. Der „traditio-

Melanotaenia

nelle" Zwergregenbogenfisch ist dabei der am wenigsten gefärbte. Die Flossenränder sind nur braunrot. Diese Variante ist in Queensland weit verbreitet.

Aus dem Harvey Creek, einem Fluß, der bei *Pseudomugil signifer* noch einmal besondere Erwähnung finden wird, stammt eine Variante, bei der die Männchen flächig kräftig rote Flossen haben. Der Körper ist, wie üblich, bräunlich mit einem gelben Schimmer.

Von der Nordspitze Queenslands, dem nördlichen Zipfel von Cape York, sowie von Neuguinea stammt eine attraktive Variante, bei der die Männchen weiße Flossensäume haben. Dies ist die vielleicht attraktivste Variante.

Vom Burton Creek schließlich stammt eine Fundortform, bei der nur die vorderen Flossenteile von Rücken- und Afterflossen weiß gefärbt sind, die Körper zeigen etwas mehr Gelb als bei den anderen Formen. Allerdings ist der Artstatus noch nicht ganz gesichert, in jedem Fall handelt es sich um eine besonders kleine Variante, die mit einer Länge von 4 cm schon ihre Endgröße erreicht hat und die Geschlechtsreife schon mit etwa 2 cm Länge lang.

Besonderheiten: keine.

Melanotaenia papuae ALLEN, 1980
Papua-Regenbogenfisch

Vorkommen: Südwestliches Neuguinea, in der Umgebung von Port Moresby.

Der mittlere Streifen zwischen den Schuppenreihen ist deutlicher als die anderen Streifen, der Schwanzstiel rötlich. Die dunklen Flossen können hell gesäumt sein. Mit bis zu 8 cm Länge ist es die größte Art der Gruppe.

Besonderheiten: Bis 1996 wurde unter diesem Namen fälschlicherweise eine Variante von *M. splendida australis* gehandelt, die einen dunklen, gelegentlich schwarzen unteren Schwanzstiel zeigt. Erst 1996 wurde *M. papuae* nach Europa importiert.

Melanotaenia sexlineata MUNRO, 1964
Fly River-Regenbogenfisch

Vorkommen: Südwesten von Papua-Neuguinea, im Oberlauf des Fly River.

Die Fische zeigen in beiden Geschlechtern eine wunderschön goldgelbe bis grünlichgoldene Färbung. Auffällig sind die sechs bis sieben dunklen Streifen zwischen den Schuppenreihen auf den Längsseiten des

An seiner goldenen Färbung ist das Männchen von M. sexlineata gut zu erkennen. Foto: G. Maebe.

Körpers, die auch zum wissenschaftlichen Namen geführt haben.

Besonderheiten: Obwohl die Zucht leicht ist, haben sich die Fische noch nicht richtig etablieren können. Das liegt auch daran, daß sie besonders zu Deformationen neigen, bei denen die Schuppenreihen etwas ungleichmäßig sind und ineinander verlaufen. Nur strenge Auslese führt zur Gesunderhaltung der Stämme und zur Erhaltung der Art im Aquarium.

Melanotaenia

Schwarzbandregenbogenfische, M. nigrans, gehören zu den schlanken Arten. Unten das Männchen, oben das Weibchen. Foto: G. Maebe.

Vor Jahren wurde die Papua-Neuguinea-Variante von *M. maccullochi* unter dem Namen *M. sexlineata* gehandelt und auch in einigen Aquarienzeitschriften unter diesem Namen beschrieben.

Melanotaenia nigrans-Gruppe

Bei diesen Regenbogenfischen handelt es sich um besonders schlanke Exemplare, bei denen die Körperlänge normalerweise mehr als das Vierfache der Körperhöhe beträgt. Gemeinsam ist ihnen, daß der mittlere Seitenstreifen besonders deutlich zu erkennen ist. Die zweite Rückenflosse sowie die Afterflosse der Männchen reichen normalerweise bis an den Schwanzstiel oder knapp über diesen hinaus.

Haltung: Da die Angehörigen dieser Artengruppe zu den eher kleinen Arten von Regenbogenfischen gehören - 8,5 bis 9 cm sind die Maximallänge -, können sie auch in Aquarien ab etwa 80 Liter Inhalt gepflegt werden. Bis zu 50 Eier können von gut genährten Weibchen pro Tag abgelegt werden, wobei es jedoch Artunterschiede gibt - zumindest *M. exquisita* ist deutlich weniger produktiv. Da alle Angehörigen dieser Artengruppe in Äquatornähe vorkommen, sind Haltungstemperaturen zwischen 25 und 28 °C empfehlenswert.

Melanotaenia nigrans (RICHARDSON, 1843)
Schwarzband-Regenbogenfisch

Vorkommen: In den nördlichsten Bereichen des Northern Territory sowie auf Cape York (Queensland) weit verbreitet. Namengebend und auffällig ist das deutliche schwarze Seitenband, das sich entlang der Körpermitte erstreckt.

Zwei Varianten existieren: Eine Form mit

roten Flossen aus der Umgebung des Kakadu-Nationalparks, die andere - häufigere - Form hat bläulichgrüne Flossen. In Prachtfärbung können beide Schwarzbandkärpflinge grünlich glänzen.

Besonderheiten: Als *Atherina nigrans* beschrieben, handelt es sich bei diesem Fisch um den ersten wissenschaftlich beschriebenen Regenbogenfisch. Zwar wurden unter diesem Namen bereits 1935 Regenbogenfische in Deutschland eingeführt, dabei handelte es sich jedoch wahrscheinlich um *M. duboulayi*. Die echten Schwarzbandkärpflinge erreichten erst Mitte der 70er Jahre Europa, haben sich hier aber schnell etabliert.

Melanotaenia

Melanotaenia exquisita ALLEN, 1978
Pracht-Regenbogenfisch
Vorkommen: In der Umgebung von Darwin (Northern Territory), z. B. an den Edith Falls, aber auch außerhalb im King George River in Westaustralien entdeckt. Alle Flüsse, in denen diese Art vorkommt, münden in die Timorsee. Typisch für diese Flüsse sind Wasserfälle, diese Art kommt - nicht unbedingt typisch für Regenbogenfische - auch oberhalb größerer Wasserfälle vor. Scheinbar kommen die Pracht-Regenbogenfische nur an wenigen Stellen innerhalb ihres Verbreitungsgebiets vor, sind dort aber dann in der Regel häufig. Typisch ist, daß das dunkle Seitenband in eine obere und untere Linie, jeweils am Rand der mittleren Schuppenreihe, getrennt ist. Die Flossen sind orangefarben gesäumt.
Mindestens drei Varianten sind bekannt. Die Fische vom Waterfall Creek sind deutlich hochrückiger und regelrecht wuchtig, ansonsten aber ähnlich gefärbt wie die bekannteren Fische von Edith Falls, welche die Stammform bilden. Dagegen zeigen die Fische von den UDP Falls, einem ziemlich abgelegenen Wasserfall, der schwer zugänglich ist und im Gebiet der UDP-Minengesellschaft liegt, eine stärker rötlich-orangefarbene Körperfarbe, auch die Flossen sind prächtiger gefärbt.
Besonderheiten: Der Pracht-Regenbogenfisch ist etwas empfindlicher als die meisten anderen Regenbogenfische. Häufiger Wasserwechsel, viel Lebendfutter (vor allem *Artemia*-Nauplien und Tümpelfutter) sowie ein pH-Wert, der leicht unter 7 liegt (die Gesamthärte sollte nicht über 6 °dGH liegen) tragen wesentlich zum Wohlbefinden bei. Haltungstemperatur: 24 bis 28 °C.

Melanotaenia gracilis ALLEN, 1978
Schlanker Regenbogenfisch
Vorkommen: Im nördlichen Teil von Western Australia im schlecht zugänglichen Kimberley-Gebiet im Drysdale und King Edward River. Dort kommen sie in großen Schwärmen zwischen abgestorbenen Ästen vor, die in beschatteten, etwas ausgewascheneren und dadurch tieferen Flußbereichen liegen.
Das mittlere Seitenband ist sehr breit, nur die äußersten Flossenteile sind beim Männchen rötlich, ebenso wie die

Melanotaenia

Melanotaenia gracilis *ist etwas schwieriger zu halten als viele andere Regenbogenfische. Foto: N. Grunwald.*

Schwanzflossenspitze. Insgesamt etwas blasser als M. exquisita und M. nigrans. Da die Farben aber gleichmäßig pastellfarben - oben grünlich, unten rötlich - erscheinen, ergibt sich ein recht ansprechendes Äußeres.

Besonderheiten: Wie *M. exquisita*. Wegen der doch etwas schwierigeren Haltung konnten sich diese beiden Arten bislang noch nicht richtig in Aquarianerkreisen - auch bei den Spezialisten - etablieren.

Melanotaenia pimaensis
ALLEN, 1981
Pima-Regenbogenfisch

Vorkommen: Im zentralen Papua-Neuguinea südlich des Zentralgebirges im Pur-ura-Flußsystem. Dieses Gebiet ist sehr unzugänglich und praktisch nur mit dem Hubschrauber erreichbar.

Mit etwa 9 cm Gesamtlänge der größte Vertreter dieser Gruppe. Erwachsene Fische zeigen einen durchgehenden, nur in der Mitte etwas ausgedünnten Längsstreifen und bleiben relativ blaß. Aquaristisch blieb diese Art leider bislang vollkommen unbekannt, nur ALLEN hielt einige Fische über einen Zeitraum von einigen Monaten.

Melanotaenia splendida-Gruppe

Die Vertreter dieser vor allem in Australien vorkommenden Regenbogenfische zählen grundsätzlich zu den großen Arten. Der Vorderkörper ist relativ bullig und erreicht etwa am Ansatz der ersten Rückenflosse seine größte Körperhöhe. Besonders ältere Männchen werden sehr hochrückig, die Körperhöhe kann dann mehr als 50 % der Körperlänge (ohne Schwanzflosse) betragen. Ein dunkles Seitenband, das dann allerdings zwei Schuppenreihen umfaßt, ist bei vielen Arten nicht sehr deut-

Melanotaenia eachamensis, *die Art ist in der Natur durch die Aussetzung fremder Fische vom Aussterben bedroht. Foto: Dr. J. Schmidt.*

40

Melanotaenia

lich. Die *M. splendida*-Unterarten sowie *M. eachamensis* zeigen keinen Balzstrich.

Haltung: Wenn es sich nicht um die beiden kleineren Arten *M. pygmaea* und *M. eachamensis* handelt, sind große und größte Aquarien angebracht. 150, besser 200 Liter sollten es schon sein, und mehr als zehn bis 15 ausgewachsene Fische dürfen dann auch nicht darin gehalten werden. Natürlich können am Bodengrund einige weitere Fische vorhanden sein, z. B. Panzerwelse, beliebt sind als Begleitfische aber auch die Grundeln z. B. der Gattung *Mogurnda*, die aus gleichen oder ähnlichen Biotopen stammen können.

Die Zucht der größeren Arten ist einfach und produktiv. Aufgrund des großen Verbreitungsgebiets sind die natürlichen Wasserbedingungen sehr variabel und reichen von weichem, deutlich saurem Wasser bis zu harten, alkalischen Bedingungen. Anzuraten ist deswegen ein mittlerer pH-Wert um 7 und eine Härte, die zwischen 5 und 20 °dGH liegt.

Vertreter dieser Gruppe sind die am weitesten südlich vorkommenden Regenbogenfische. Das hat weitreichende Konsequenzen - auch für die Haltung. Während die Arten in Neuguinea wegen der Äquatornähe durchgehend ähnliche Temperaturen im Jahresgang haben, gibt es im Süden Australiens sehr deutliche Jahreszeiten, im Norden immerhin noch deutliche Unterschiede zwischen Winter und Sommer. In unserem Sommer, dem australischen Winter, kühlen die südlichen Gewässer deutlich ab, bei Wassertemperaturen bis zu 16 °C fühlen sich die Fische durchaus noch wohl. Dagegen passiert es in der Trockenzeit häufig, daß die Gewässer zu einigen Resttümpeln zusammenschrumpfen, in denen dann Temperaturen von mehr als 30 °C erreicht werden können - Temperaturen, die im Norden während des australischen Sommers in jedem Gewässer erreicht werden.

Erstaunlicherweise fühlen sich die Fische aus diesen Bereichen wohler, wenn die Haltungstemperaturen ganzjährig eher etwas niedriger liegen. Werden Regenbogenfische über mehr als sechs Monate bei Temperaturen von über 28 °C gehalten, so zeigt sich oft eine besondere Anfälligkeit gegenüber Krankheiten, besonders oft zeigen sich dann Geschwüre. Deswegen ist für diese Arten eine jahreszeitliche Schwankung besonders empfehlenswert, wobei im Winter 20 bis 22 °C, im Sommer 24 bis 26 °C das Optimum darstellen.

Melanotaenia duboulayi (CASTELNAU, 1878)
Großer Regenbogenfisch

Nahe verwandt mit *M. fluviatilis*. Erwachsene Fische können nicht sicher auseinandergehalten werden, wenn der Fundort nicht bekannt ist, nur die frischgeschlüpften Larven unterscheiden sich in den ersten Lebenswochen deutlich. Beide Arten bleiben deutlich schlanker als *M. s. splendida*, zu dem sie bis vor wenigen Jahren als Unterart *M. s. fluviatilis* gerechnet wurden. Typisch ist ein rosa bis roter Fleck auf den Kiemendeckeln. Selten werden mehr als 10 cm Länge erreicht, allerdings kamen in der Natur schon Exemplare bis 11 cm vor.

Der Große Regenbogenfisch kommt in einem schmalen Küstensaum vom östlichen Queensland bis ins nördliche New South Wales vor.

Melanotaenia

Pärchen des großen Regenbogenfischs, Melanotaenia duboulayi. Das Männchen ist der untere Fisch. Foto: H. Hieronimus.

Der Lake Eacham in Australien ist ein beliebtes Ausflugsziel. Foto: H.-J. Schilling.

Vorkommen: Ursprünglich nur aus dem Lake Eacham bekannt, kommt diese Art auch im nahen Dirran Creek und im Lake Euramoo vor. Alle diese Lokalitäten liegen im nordwestlichen Queensland.
Besonderheiten: Eigentlich war diese Art aus dem Lake Eacham bekannt. Als

Besonderheiten: Unter den falschen Namen *M. nigrans* wurde diese Art 1927 als erster Regenbogenfisch nach Deutschland eingeführt und gelangte von hier aus auch bald in die USA.
Bei der Haltung und vor allem Zucht hat sich gezeigt, daß *Melanotaenia duboulayi*, obwohl küstennah vorkommend, relativ weiches Wasser und einen pH-Wert unter 7 bevorzugt.

Melanotaenia eachamensis ALLEN & CROSS, 1982
Lake Eacham-Regenbogenfisch

Bei dieser Art handelt es sich um einen Regenbogenfisch, der in allen ichthyologischen Maßzahlen gegenüber seinem nächsten Verwandten, *M. splendida* in seinen Unterarten, etwas reduziert ist - so auch in der Größe. Die größten Exemplare sind nur gut 7 cm lang. Während die Fische in der Normalfärbung eher blaß sind, gehören Männchen in der Balzfärbung zu den attraktivsten australischen Regenbogenfischen.

Melanotaenia

jedoch 1987 eine Untersuchung der dort vorkommenden Fische vorgenommen wurde, stellte sich heraus, daß diese Art durch andere - zu Angelzwecken eingesetzte - Físche verdrängt worden war. Nur noch 23 Exemplare konnten bei Aquarianern gefunden werden, aus denen jedoch schnell tausende von Exemplaren gezüchtet wurden, die bei Aquarianern und öffentlichen Institutionen ein neues Zuhause fanden. Weltweit haben sich die Regenbogenfischfreunde besonders um diese Art gekümmert. In letzter Zeit wurden auch im benachbarten Dirran Creek und im Lake Euramoo Fische gefunden, die wahrscheinlich mit dem Lake Eacham-Regenbogenfisch identisch sind. Aber bis letzte Sicherheit darüber besteht, müssen die bisherigen Aquarienpopulationen separat gehalten werden.

oben: *Der Eachamsee-Regenbogenfisch ist im Lake Eacham längst ausgestorben, wird aber in Aquarien zahlreich gehalten. Rechts Männchen, links Weibchen. Foto: H. Hieronimus.*

Melanotaenia fluviatilis (CASTELNAU, 1878)
Rotohr-Regenbogenfisch
Wie bei *M. duboulayi* beschrieben, sind diese beiden Arten als Erwachsene kaum zu unterscheiden.
Vorkommen: Im Südosten Australiens relativ weit verbreitet. Der Verbreitungsschwerpunkt liegt in New South Wales und im Süden Queenslands. Im unteren Darling wird im Bundesstaat Victoria die

Melanotaenia

Melanotaenia fluviatilis von Timaroodom. Das Männchen ist noch nicht ausgewachsen. Foto: Dr. J. Schmidt.

Küste erreicht, die sonst nicht zum Siedlungsgebiet gehört. Im Süden des Verbreitungsgebietes werden im Südwinter regelmäßig Temperaturen von 15 °C und weniger erreicht. Einige kältere Jahre mit Temperaturen bis unter 10 °C führten dazu, daß die Victoria-Population sehr selten geworden ist.

Aufgrund des großen Verbreitungsgebiets gibt es einige Varianten. Besonders eine hat eine gewisse Berühmtheit, nämlich diejenige aus dem Gin Gin River. Bei ihnen haben die Männchen während der Balz eine leuchtend goldgelbe Afterflosse. Auch die Fische aus dem Ocean Lake sind besonders farbkräftig.

Besonderheiten: Eine gelegentlich kühlere Hälterung, beispielsweise eine Abkühlung über sechs bis acht Wochen auf 18 bis 20 °C, wirkt sich positiv auf das Wohlbefinden und die Gesundheit der Fische aus. Mit dieser Art sind wahrscheinlich auch Versuche zur Freilandhaltung im Gartenteich sinnvoll. Diese Regenbogenfische

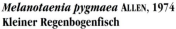

könnten dort von Mai bis September untergebracht werden.

Melanotaenia pygmaea ALLEN, 1974
Kleiner Regenbogenfisch

Wie bei *M. eachamensis* handelt es sich um eine Zwergform dieser Gruppe. Mehr als 6 cm Länge werden nur selten erreicht. Die obere Körperhälfte ist dunkelblau, die untere gelblich weiß, ebenso wie die meisten Flossen.

Vorkommen: Bislang nur aus zwei kleinen Zuflüssen des Prince Regent River im West Kimberley District im Bundesstaat Western Australia bekannt. Dort kann er oberhalb der imposanten King's Cascade gefangen werden - wer Gerald ALLENs Reisebericht kennt, weiß, daß unterhalb des Wasserfalls ein Fischfang wegen der reichlich vorkommenden Haie und

Melanotaenia pygmaea ist nur von einem kleinen Gebiet in Westaustralien bekannt. Foto: G. Maebe.

Melanotaenia

Krokodile (der letzte Krokodilunfall fand dort 1987 statt) unmöglich ist.
Wegen des kleinen Vorkommens sind keine Fundortvarianten zu erwarten.
Besonderheiten: Die Eier scheinen bis zum Schlupf etwas länger zu brauchen als die der meisten anderen Regenbogenfische, nämlich bis zu 14 Tage. Der Erstimport dieser Art gelang dem Autor 1995, allerdings waren alle importierten Exemplare Männchen. Inzwischen wird diese Art von mehreren Züchtern gepflegt, ist allerdings immer noch relativ selten - trotz der attraktiven Färbung.

Melanotaenia splendida splendida (PETERS, 1866) - Östlicher Regenbogenfisch
Melanotaenia splendida ist die einzige Art von Regenbogenfischen, bei der zum einen Unterarten beschrieben worden sind und die zum anderen sowohl in Australien als auch auf Neuguinea vorkommt. Bei der Unterartenbestimmung handelt es sich aber eigentlich um eine geographische Zuordnung, die sich in der Praxis nicht sonderlich bewährt und etwas willkürlich erscheint. In nahezu jedem Fluß kommt nämlich eine Variante vor, einige von diesen konnten bis heute nicht sicher einer Unterart zugeordnet werden, andere werden zwar zu einer der Unterarten gerechnet, aber es gibt berechtigte Zweifel daran, daß dies Bestand haben wird, wenn eine großflächige Untersuchung vorgenommen würde.
Vorkommen: Nordöstliches Queensland im weiteren Küstenbereich. Vor allem kleinere Gewässer werden besiedelt.
Üblicherweise sind bei *M. s. splendida* die Flossen nicht gemustert. In der Natur erreichen die größten Varianten bis zu 14 cm Länge, die meisten bleiben aber kleiner. Dr. J. CLASEN konnte aber bei der Befischung einiger Gewässer, in denen entweder *M. s. splendida* oder *M. s. inornata* vorkamen, zeigen, daß dieses Merkmal sich von Fluß zu Fluß - mit teilweise wenigen Kilometern Distanz - ändern kann.
Die Zahl der Fundortvarianten ist ausgesprochen hoch und kann hier nur angedeutet werden. Die besten Fundplätze werden unter den australischen Aquarianern als Geheimtip gehandelt - meist aber gelangen auch diese Formen schnell zu weiteren Aquarianern und nach Europa.
Die „normalen" *M. s. splendida* zeigen

Vom Wallaby Creek stammt die vielleicht schönste Variante von Melanotaenia splendida splendida. Foto: G. Maebe.

keine besonders auffälligen Farben. Gelegentlich werden sie unter dem Namen „Blauer Regenbogenfisch" angeboten (hinter diesem Namen können sich aber noch einige andere Arten verbergen). Dafür werden sie bis zu 14 cm lang, ein kleiner Schwarm in einem entsprechend großen Aquarium ergibt ein imposantes Bild.

Melanotaenia

Besonders von der Unterart Melanotaenia splendida australis *gibt es sehr schön gefärbte Stämme, wie dieses Männchen von Kambogie zeigt.*
Foto: G. Maebe.

Vom Wallaby Creek stammt eine Variante, bei denen die Männchen besonders kräftig rot gefärbte Flossen haben. Auch die Varianten vom Morehouse River und von Kuranda sind farbiger als andere Vertreter der Unterart.

Besonderheiten: Obwohl während eines Laichgangs nur ein bis drei Eier abgegeben werden können, zählt dieser Regenbogenfisch zu den produktiven Arten. Ein ausgewachsenes, gut genährtes Weibchen kann täglich mehr als 100 Eier ablegen - und das während des gesamten Jahres. Das Wachstum ist aber relativ langsam. Auch bei den attraktiveren Fundortformen dauert es ein gutes halbes Jahr, bis die Männchen beginnen, die endgültigen Farben zu zeigen. Dann ist erst gut die halbe Endlänge erreicht. Allerdings werden die Fische schon vorher geschlechtsreif und können zur Zucht angesetzt werden.

Melanotaenia splendida australis (CASTELNAU, 1875)
Westlicher Regenbogenfisch
Bei dieser Unterart ist nicht nur der Vorderkörper etwas massiger als bei den anderen Unterarten, charakteristisch ist auch eine orangefarbene Trennlinie, die sowohl die obere als auch die untere Kante der mittleren beiden Schuppenreihen umfaßt.
Vorkommen: Diese Art bewohnt zwei voneinander durch die Große Sandwüste getrennte Gebiete, nämlich die Kimberley-Region in Western Australia und im Northern Territory (auch zwei Inseln im Golf von Carpentaria) sowie das Pilbara Land im Zentrum des Bundesstaates Western Australia.

Während einige Fundortvarianten als ausgesprochen blaß bezeichnet werden müssen, finden sich bei dieser Unterart auch die vielleicht schönsten Vertreter der Art. So zeigt z. B. eine Form vom Kambolgie Creek (dieses Gebiet gehört zum South Alligator River-System) einen deutlichen, breiten schwarzen Seitenstreifen, kräftig rot gefärbte zweite Rücken- und Afterflosse

und eine knallrote Schwanzflosse. Bei anderen Fundortvarianten ist der ganze Hinterkörper zusätzlich orangefarben. Wie bei den anderen Unterarten ist der Status all dieser Varianten noch nicht endgültig geklärt. Der Westliche Regenbogenfisch ist der bei weitem beliebteste Vertreter der Art in Aquarianerkreisen.

Melanotaenia

Melanotaenia splendida inornata (CASTELNAU, 1875) - **Gescheckter Regenbogenfisch**
Obwohl es sich dem Namen nach - „inornata" bedeutet übersetzt ungeschmückt - um einen weniger attraktiven Regenbogenfisch handelt, straft das Aussehen den Namen Lügen. Zweite Rücken-, After- und Schwanzflosse sind deutlich gescheckt und geben dieser Unterart ein attraktives Äußeres. Die untere Körperhälfte der Männchen ist gelegentlich kräftig rot gefärbt - so etwa bei Exemplaren vom Coen River.
Vorkommen: Westlich anschließend an *M. s. splendida* im nördlichen Australien von Cape York und den Zuflüssen des Golf von Carpentaria bis hin zum Northern Territory bis fast nach Western Australia.
Auch von dieser Unterart gibt es zahlreiche Fundortformen, die jedoch bislang aquaristisch nur wenig in Erscheinung getreten sind. Überhaupt ist diese Art im Aquarium wegen ihrer etwas dezenteren Farben und der nicht unerheblichen Endgröße von mehr als 10 cm selten anzutreffen.

Melanotaenia splendida rubrostriata (RAMSAY & OGILBY, 1896) - **Rotstreifen-Regenbogenfisch**
Mit einer erreichbaren Gesamtlänge von 15 cm (Aquarienexemplare können weit über 20 cm lang werden) ist dies die größte Unterart. Durch die mehr oder weniger kräftig roten Streifen, die sich zwischen den horizontalen Schuppenreihen befinden, sind die Vertreter dieser Unterart leicht zu erkennen. Zusätzlich sind auch die Flossenzwischenräume der Flossen der hinteren Körperhälfte mehr oder weniger stark mit roten Flecken besetzt oder sogar durchgehend rot gefärbt.
Vorkommen: Im südlichen Neuguinea ausgesprochen weit verbreitet, kommt

oben: Auch von Melanotaenia splendida inornata gibt es kräftig gefärbte Fundortformen. Foto: Dr. J. Schmidt.

links: Im Mary River im Northern Territory kommen nicht nur Melanotaenia splendida inornata vor! Foto: H.-J. Schilling.

Melanotaenia

diese Art auch auf der Aru-Insel vor. Nicht aus Australien bekannt.

Aufgrund der weiten Verbreitung gibt es zahlreiche Färbungsvarianten, die mehr oder weniger attraktiv sind. Besonders die kräftig gefärbten sind in Aquarianerkreisen sehr gesucht. Allerdings gibt es bislang keine Fundortbezeichnungen, mit denen die einzelnen Formen belegt werden können. Da die Färbung bei Jungfischen noch nicht sehr gut zu erkennen ist, ist beim Erwerb die Aussage des Züchters von Bedeutung.

Besonderheiten: Es handelt sich um eine der größten und gleichzeitig produktivsten Regenbogenfischarten. Leider scheinen die besonders großen Exemplare auch die farbschwächsten zu sein.

Vor kurzem wurde aus der Umgebung von Darwin eine Neuentdeckung gemeldet, die große Ähnlichkeiten mit den neuguineischen Vertretern dieser Unterart hat. Genauere Untersuchungen der Population aus dem Blackmore River liegen aber noch nicht vor.

Melanotaenia splendida tatei (ZIETZ, 1896)
Wüsten-Regenbogenfisch

Im Unterschied zu *M. s. tatei* sind bei dieser Unterart nur die körpernahen Teile der Flossen gefleckt. Die Flossen sind gelblich rot, ansonsten handelt es sich um relativ dezent gefärbte Regenbogenfische, die jedoch auch kräftig blausilbern schillern können.

Vorkommen: In Zentralaustralien rund um das Grenzgebiet der Bundesstaaten Northern Territory, Queensland und New South Wales. Diese Region ist besonders dem Wechsel zwischen Regen- und Trockenzeiten unterworfen. Nahezu alle Flüsse führen nicht während des ganzen Jahres Wasser und schrumpfen in der Trockenzeit zu einigen wenigen Tümpeln zusammen, in denen die Wasserqualität oft nicht sehr gut ist.

Fundortvarianten sind bislang nicht bekannt, das liegt aber wahrscheinlich daran, daß diese Fische bislang aquaristisch kaum in Erscheinung getreten sind.

Besonderheiten: Obwohl in der Natur teilweise extreme Bedingungen überstanden werden können, darf dies kein Hinweis für die Aquarienhaltung sein. Bei Vernachlässigung zeigen sich schnell Degenerationserscheinungen.

Bislang unbestimmte Fundortformen oder Arten

Während es so scheint, daß für Regenbogenfische aus Neuguinea selbst bei relativ geringen Unterschieden neue Arten beschrieben werden, werden zahlreiche Fundortformen aus Australien bisher - ohne weitere eingehende Untersuchung - nur als Varietäten geführt. Dabei handelt es sich jedoch oft um farblich deutlich abweichende Formen, die im Aquarium unbedingt separat gehalten und gezüchtet werden müssen. Nur zwei von sicherlich mehr als zehn bislang bekannten Varietäten aus diesem Formenkreis sollen erwähnt werden.

Utchee Creek-Regenbogenfisch

Kleiner als *M. s. splendida*, die Fische erreichen nur etwa 8 cm. Die Linien zwischen den horizontalen Schuppenreihen sind kräftig rot. Bisher nur aus dem Utchee Creek in Queensland bekannt.

Melanotaenia

Burdekin River-Regenbogenfisch

Ebenfalls nur bis zu 8 cm lang, balzende Männchen haben rötliche Flossen mit einem schwarzen Saum und sind farbiger als *M. s. splendida*. Nur aus dem Burdekin River in Nord-Queensland bekannt.

Melanotaenia trifasciata-Gruppe

Melanotaenia trifasciata (RENDAHL, 1922)
Gebänderter Regenbogenfisch

Die Eigenständigkeit dieser Gruppe ist nicht hundertprozentig gesichert, es gibt Ähnlichkeiten zur *M. goldiei*-Gruppe. Aufgrund der Übersichtlichkeit und der Vielzahl der Fundortvarianten ist aber eine separate Behandlung sinnvoll. Diese Gruppe müßte sicherlich überarbeitet werden, denn ob es sich bei einigen, etwas abweichenden Formen nicht um eigene Arten handelt, scheint noch unklar zu sein. Verwandtschaftliche Beziehungen könnten zu *M. parkinsoni* bestehen.

Die Übersetzung des Artnamens bedeutet zwar „drei Streifen", diese sind aber nur bei konservierten Tieren zu sehen. Lebende Exemplare dagegen zeigen nur einen kräftigen, knapp zwei Schuppenreihen

*Der Goyder River-Regenbogenfisch, Melanotaenia trifasciata, zeigt besonders viele Rottöne.
Foto: G. Maebe.*

Melanotaenia

Auch Melanotaenia trifasciata *vom Sam Creek erinnert an* Melanotaenia herbertaxelrodi. Foto: G. Maebe.

Ausgewachsene Männchen von Melanotaenia trifasciata *vom Coen River sind eine Augenweide.* Foto: G. Maebe.

breiten, in der Körpermitte gelegentlich schwächer werdenden Längsstreifen. Ältere männliche Exemplare fast aller Fundortvarianten zeigen eine ausgesprochene Hochrückigkeit. Dabei kann die Höhe mehr als 50 % der Körperlänge betragen. Die Weibchen bleiben deutlich schlanker. Es handelt sich um die größten und farbenprächtigsten australischen Regenbogenfische, das erklärt ihre Beliebtheit.

Haltung: Schon in der Natur sind es mit bis zu 13 cm Länge ausgesprochen große Exemplare, die aber im Aquarium noch einiges mehr erreichen. Deswegen sind große Aquarien mit mindestens 150 Litern Inhalt für die Haltung dieser Fische Grundvoraussetzung. Selbst für die Zucht sind Aquarien unter 100 Litern kaum geeignet, wegen der großen Eizahl von bis zu 100, die pro Weibchen täglich abgelegt werden können, werden auch für die Jungfischaufzucht große Aquarien benötigt.

Die Männchen von *M. trifasciata* sind bei der Balz und Paarung etwas heftiger als viele andere Regenbogenfische. Deswegen ist es ratsam, ein Männchen mit zwei Weibchen anzusetzen und auch einige Verstecke vorzusehen.

Vorkommen: Mit wenigen Ausnahmen kommen fast alle Vertreter dieser Formengruppe in Gewässern vor, die in den Golf von Carpentaria münden. Ausnahmen sind nur einige Formen, die an der Nordost-

Melanotaenia

Auf Fischfang im Coen River. Foto: G. Maebe.

küste Queenslands in den Pazifik münden bzw. Fische aus dem Northern Territory, deren Heimatgewässer in den Timorsee münden.

Fundortvarianten

Bislang sind etwa dreißig in der Regel farblich gut voneinander unterscheidbare Fundortvarianten bekannt, und fast jedes Jahr kommen neue hinzu. Das liegt daran, daß einige der potentiellen Heimatgewässer in den Reservaten der Aborigines oder schlichtweg in unzugänglichen Gebieten liegen (diese Gegend Australiens ist nur sehr dünn besiedelt) und damit kaum erreichbar sind. Natürlich können hier nur einige wenige Varianten aufgeführt werden. Dabei handelt es sich um die „gängigen Formen". Derzeit werden fast alle Varietäten dieser Art in Europa gepflegt und gezüchtet. Bei der Bezeichnung hat sich durchgesetzt, daß sie einfach nach ihrem Fundort benannt werden.

Goyder River-Regenbogenfisch

Dies ist wahrscheinlich die attraktivste Variante. Bei den Männchen sind die hinteren Flossen leuchtend rot, mit einem schwarzen Saum. Die Schuppenränder sind rot gesäumt, der Schwanzstiel erscheint oberhalb und unterhalb des prominen0ten schwarzen Seitenstreifens kräftig rot.

Melanotaenia

Imponierende Melanotaenia trifasciata-Männchen vom Wonga Creek. Foto: G. Maebe.

Bisher zeigte sich, daß die Männchen dieser Variante nicht so hochrückig werden wie einige andere Vertreter der Art. Auch ältere Männchen erreichen nur eine Körperhöhe von etwa 40% der Körperlänge.

Coen River-Regenbogenfisch
Einen fast flächig grünen und bei alten Männchen ausgesprochen hochrückigen Körper zeigt diese Variante. Die Flossen sind rötlich. Wahrscheinlich gehörten die Anfang der 80er Jahre zum ersten Mal eingeführten Vertreter der Art zu dieser Variante.

Weipa Creek- und Pappan Creek-Regenbogenfisch
Mit deutlich mehr Gelb auf den Körperseiten erinnert die hochrückige Variante vom Weipa Creek schon deutlich an *M. herbertaxelrodi*. Mit letzterem direkt zu verwechseln ist die Variante aus dem Pappan Creek, die praktisch nicht davon zu unterscheiden ist. In solchen Fällen ist es immer wichtig, daß die Fische mit der richtigen Fundortangabe verkauft werden. Ausgewachsene Fische sind relativ leicht zu unterscheiden, denn der Pappan Creek-Regenbogenfisch wird mehr als 15 cm lang, und er ist auch schon als anderthalb bis zwei Jahre alter Fisch deutlich höher als *M. herbertaxelrodi*.

Giddy River- und Pascoe River-Regenbogenfisch
Während der Giddy River-Regenbogenfisch - bei rötlichen Flossen - schon eine deutlich blau schimmernde obere Körperhälfte hat, zeigen die Pascoe River-Regenbogenfische, die etwas schlanker als die Giddy River-Regenbogenfische bleiben, auf beiden Körperhälften kräftige Blautöne.

Melanotaenia

Melanotaenia goldiei-Artengruppe

Fast alle Vertreter der Gattung *Melanotaenia*, die auf Neuguinea vorkommen, gehören zu dieser Artengruppe. Fast immer ist ein breiter, mittlerer Längsstreifen (bis zu zwei Schuppen breit) sichtbar. Die meisten Arten sind weniger hochrückig als die Unterarten von *M. splendida* und *M. trifasciata*, mit Ausnahme von *M. affinis*. Besonders die Seenbewohner, die mittelgroß werden, gehören zu den beliebtesten Regenbogenfischen.

Haltung: Die mittelgroßen Arten können in Aquarien ab 100 Liter, die großen in solchen ab 150 Liter gehalten werden. Gewöhnlich sind es laichfreudige Fische mit hohen Eizahlen.

Melanotaenia affinis (WEBER, 1908)
Weißstreifen-Regenbogenfisch

Mit einer Gesamtlänge von bis zu 14 cm handelt es sich um einen der größten Regenbogenfische. Typisch für diese Art ist, daß sich unter dem schwarzen Seitenband auf der hinteren Körperhälfte eine weiße Schuppenreihe befindet. Bei älteren Männchen kann die Körperhöhe 50 % der Körperlänge erreichen oder sogar überschreiten.

Vorkommen: Nördlich des Zentralgebirges auf Neuguinea mit Ausnahme des Südens und Westens sehr weit verbreitet. Noch sind sicher nicht alle Varianten bekannt. Normalerweise sind die Fische eher schlicht gefärbt. Der Rücken ist bronzefarben, die untere Körperhälfte weißlich. Bei einer Fundortform von Pagwi, einem Ort am Sepik River, ist die obere Körperhälfte kräftig blau, die untere weißlich bis gelblich. Bei einer weiteren Variante, dem sogenannten Bluewater-Regenbogenfisch, ist der Oberkörper stahlblau bis violett. Diese Variante wurde im Han-

Melanotaenia affinis *ist im nördlichen Neuguinea weit verbreitet.* Foto: G. Maebe.

Melanotaenia

del als „violet steel blue" angeboten.
Besonderheiten: Dieser Regenbogenfisch ist wohl am leichtesten von allen Arten zu halten und zu züchten. Die Haltungsbedingungen sind von untergeordneter Bedeutung. Die Wassertemperatur kann zwischen 24 und 26 °C liegen.

Melanotaenia ajamaruensis ALLEN & CROSS, 1980 - Ajamaru-Regenbogenfisch
Dieser im Ajamarusee auf der Vogelkop-Halbinsel vorkommende Regenbogenfisch konnte seit seiner Erstentdeckung nicht wiedergefunden werden. Er ähnelt *M. boesemani* ziemlich stark. Er ist noch nicht im Aquarium gehalten worden.

Melanotaenia angfa ALLEN, 1990
Angfa-Regenbogenfisch
Der am ganzen Körper prächtig bronzefarbene Fisch wurde auf der Landbrücke zwischen dem Festland und der Vogelkop-Halbinsel entdeckt und nach der ANGFA (s. oben) benannt. Er wird mindestens 12,5 cm lang, ist aber bisher noch nicht im Aquarium gehalten worden.

Melanotaenia arfakensis ALLEN, 1990
Arfak-Regenbogenfisch
Dieser aus dem Norden der Vogelkop-Halbinsel stammende, bis etwa 10 cm groß werdende Regenbogenfisch wirkt etwas wie eine blaße Ausgabe von *M. boesemani*. Er ist leicht zu züchten. Da sein kleines Heimatgebiet in einem Areal liegt, das durch Umsiedlungsmaßnahmen der indonesischen Regierung stark belastet wird - der gesamte Bereich wird sicherlich in Kürze landwirtschaftlich genutzt -, sollten unbedingt Maßnahmen zur Erhaltung mindestens im Aquarium getroffen und unterstützt werden.

Melanotaenia boesemani ALLEN & CROSS, 1980
Boesemans Regenbogenfisch
Mit dem Kontrast zwischen blauschwarzem Vorderkörper und orangefarbenem

Melanotaenia

Vorkommen: Nur aus der Ajamaru-Seenplatte im Zentrum der Vogelkop-Halbinsel bekannt. Dort ist das Wasser zwar weich, aber alkalisch (pH-Wert über 8,0).

Besonderheiten: Die Zucht ist leicht und gelingt meist auf Anhieb. Allerdings ist es bereits häufig vorgekommen, daß die gerade gut einen Zentimeter langen Jungfische starben. Offensichtlich sind sie gegenüber radikalen Futterumstellungen, aber auch gegen Wassertrübungen sehr empfindlich. Deswegen ist bei der Jungfischaufzucht so oft wie möglich ein Teilwasserwechsel vorzunehmen. Ab einer Länge von 3 cm sind sie unempfindlich gegen Wassertrübungen und abrupte Futterwechsel.

Mit dem Import dieser Art 1983 nach Deutschland durch Heiko BLEHER begann der derzeit immer noch anhaltende Regenbogenfischboom.

Vom Pagwi am Sepik River stammt diese Variante vom Melanotaenia affinis.
Foto: T. Benders

Hinterkörper ist es einer der attraktivsten Regenbogenfische. Leider hat mangelnde Auslese bei einigen Stämmen zu einem Verblassen der Farben geführt, die aber durch konsequente Selektion wieder zu erzielen wären. Die Weibchen sind nur wenig blasser als die Männchen.

55

Melanotaenia

Junges Melanotaenia boesemani-Männchen. Foto: Dr. J. Schmidt.

Melanotaenia caerulea ALLEN, 1996
Kikori-Regenbogenfisch
Auf dem Körper blau, mit einem deutlichen weißen Band unterhalb des nicht sehr deutlichen Seitenstreifens und den fast transparenten Flossen unterscheidet sich diese relativ klein bleibende Art aus dem Kikori River deutlich von *M. mubiensis* und *M. lacustris*. Sie ist aquaristisch noch unbekannt.

Melanotaenia corona ALLEN, 1982
Corona-Regenbogenfisch
Dieser Fisch, dessen Lebendfärbung noch unbekannt ist, wird circa 13 cm lang und hat besonders große Flossen. Nach ALLEN könnte es einer der schönsten Regenbogenfische sein, dessen Heimat im östlichen Irian Jaya nur sehr schwer zu erreichen ist.

Melanotaenia catherinae (DE BEAUFORT, 1910)
Waigeo-Regenbogenfisch
Dieser bis 10 cm große, von der Waigeo-Insel stammende Regenbogenfisch wird zwar bei einigen Liebhabern gehalten, ist aber wegen seiner insgesamten eher dezenten Färbung nicht so beliebt.

Melanotaenia fredericki FOWLER, 1939 - **Sorong-Regenbogenfisch**
Diese im Norden der Vogelkop-Halbinsel vorkommende Regenbogenfischart ist etwas schlanker als die anderen Vertreter dieser Gruppe und zeigt einen flacheren, weniger gebogenen Rücken.
Von den bis 12 cm groß werdenden Fischen sind mindestens zwei Varianten bekannt. Die erste ist stahlblau, die zweite zeigt im Vorderkörper unterhalb des Mittelstreifens einen kräftig orangefarbenen Keil.
Besonderheiten: Haltung und Zucht sind nicht schwerer als bei den anderen Arten.

Auch von Melanotaenia fredericki gibt es mehrere Fundortvarianten. Die abgebildete wird in Europa gehalten und gezüchtet. Foto: U. Werner.

Melanotaenia goldiei (MACLEAY, 1883)
Goldie River-Regenbogenfisch
Dies ist das südliche Gegenstück zu *M. affinis* und südlich des Zentralgebirges ebenso weit verbreitet wie *M. affinis* im Nor-

Melanotaenia

Wie Melanotaenia affinis ist auch Melanotaenia goldiei ausgesprochen weit auf Neuguinea verbreitet, allerings im Süden der Insel. Foto: N. Grunwald.

den. Mit bis zu 14 cm Länge wird er ebenso lang, bleibt aber deutlich weniger hochrückig. Der goldene Rücken und die bläuliche Bauchseite bilden mit dem kräftigen, in der Mitte unterbrochenen Seitenstreifen eine attraktive Färbung.

Leider konnte sich diese Art in der Aquaristik bislang nicht richtig durchsetzen und führt eher ein Außenseiterdasein. Fundortformen sind erwähnt worden, nähere Angaben liegen aber nicht vor.

Melanotaenia herbertaxelrodi ALLEN, 1981
Lake Tebera-Regenbogenfisch

Im zentralen Hochland von Papua-Neuguinea, auf einer Höhe von 800 m, liegt der Teberasee. Nur von dort und einigen seiner Zuflüsse ist der Lake Tebera-Regenbogenfisch bekannt. Das Wasser im See ist relativ kühl, die Temperatur liegt zwischen 21 und 24 °C. Das Wasser des Sees ist deutlich alkalisch, der pH-Wert liegt zwischen 7,6 und 8,0. Mit einer Länge von über 12 cm gehört *M. herbertaxelrodi* zu den großen Regenbogenfischen.

Besonderheiten: Diese Fische sind stimmungsabhängig deutlich unterschiedlich gefärbt - geringe Variationen gibt es auch in der Natur. Die meisten Männchen sind in Balzstimmung kräftig gelb bis goldgelb mit einem blauschwarzen Mittelstreifen. Die Flossen erscheinen meist rot gefärbt,

Melanotaenia

Melanotaenia herbertaxelrodi ist einer der farbenprächtigsten Regenbogenfische. Foto: G. Maebe.

können aber auch gelb sein. Wird nicht gebalzt, ist die obere Körperhälfte grünlich, ebenso der Ansatz der Flossen. Ein wichtiges Unterscheidungsmerkmal zum sehr ähnlichen Pappan Creek-Regenbogenfisch (s. dort) ist der bläulich-weiße Balzstrich auf der Stirn der Männchen. Auch ältere Männchen des Lake Tebera-Regenbogenfisch können sehr hochrückig werden.

Als die Fische zu Beginn der 80er Jahre zum ersten Mal nach Deutschland eingeführt wurden, konnten sie sich nicht lange halten, da in den Nachzuchten vor allem Männchen waren. Erst als die Züchter bei einem erneuten Import die Zuchttemperatur auf 22 °C senkten, waren beide Geschlechter annähernd gleich vertreten. Es gibt jedoch auch Züchter, die auch bei höheren Temperaturen beide Geschlechter in ausreichendem Maße erhielten. Bei dieser sehr produktiven Art darf nur mit den besten Fischen weitergezüchtet werden, sonst kommt es schnell zum Verblassen der Farben.

Melanotaenia irianjaya ALLEN, 1985
Irian Jaya-Regenbogenfisch

Zwar zeigt auch diese Art, die in Irian Jaya im Süden der Vogelkop-Halbinsel sowie auch den östlichen Zuflüssen der Bintuni Bay vorkommt, ein großes Farbspektrum, aber alles in etwas dezenteren Farben. Insgesamt ergibt sich aber ein durchaus ansprechendes Bild. Beim Betrachten des Fischs fällt auf, daß die längsten Flossenstrahlen der zweiten Rücken- und der Afterflosse am längsten sind, ein Merkmal, wie es sonst nur bei *Glossolepis* beobachtet wird.

Besonderheiten: Die Pflege und Zucht dieser bis etwa 11 cm groß werdenden Fische ist weitgehend unproblematisch.

Melanotaenia iris ALLEN, 1987
Strickland-Regenbogenfisch

Dieser aus unzugänglichem Gebiet im Oberlauf des Strickland River stammende, bis 12 cm große, dezent gefärbte Regenbogenfisch wurde noch nicht im Aquarium gehalten.

Melanotaenia

Melanotaenia japenensis ALLEN & CROSS, 1980
Yapen-Regenbogenfisch
Dieser bis 11 cm lang werdende Fisch ist nur von Yapen Island bekannt, das nördlich Irian Jaya vorgelagert ist. Die Männchen erinnern entfernt an *M. s. rubrostriata*, die roten Streifen sind aber vor allem in der unteren Körperhälfte zu sehen. Zwar wurden diese Fische bereits auf Yapen Island von einem Missionar erfolgreich gehalten, aber noch nicht von dort exportiert. Unterschiede zu den anderen Regenbogenfischen sind aber nicht zu erwarten.

Melanotaenia kamaka ALLEN, 1996
Kamaka-Regnbogenfisch
Auf dem Isthmus zwischen Irian Jaya und der Vogelkop-Halbinsel gibt es eine Kette aus drei großen und einigen kleineren Seen in der Nähe der Triton Bay. Alle drei dort neu gefundenen Arten (außer *M. kamaka* auch *M. lakamora* und *M. pierucciae*) sind bis etwa 6 cm groß. Erwachsene Männchen haben einen mittelhohen Körper, die Höhe erreicht etwa 40 % der Körperlänge. Männchen des Kamaka-Regenbogenfisches aus dem Lake Kamakawaiar sind am ganzen Körper metallisch und auf den Flossen metallisch weiß und erinnern an *M. praecox*.

Melanotaenia lacustris MUNRO, 1964
Kutubu-Regenbogenfisch
Eines der schönsten Habitate, das es auf Papua-Neuguinea gibt, ist der Kutubusee im Inneren der Insel. Nur von dort sind die Kutubu-Regenbogenfische bekannt. In der Natur erreichen sie eine Länge von 12 cm. Auffällig ist die leuchtend grüne bis türkisblaue Färbung balzaktiver erwachse-

Schon Jungtiere des Kutubu-Regenbogenfischs, Melanotaenia lacustris, *zeigen die schöne blaue Farbe. Foto: W Maleck.*

Melanotaenia

ner Fische, wobei erste Farben schon bei einer Länge von 2 cm zu erkennen sind. Auch die Weibchen sind ähnlich gefärbt. Da die Flossen der Männchen nicht viel länger sind als die der Weibchen, fällt die Unterscheidung der Geschlechter nicht ganz leicht. Sind die Tiere fast ausgewachsen, sind die kürzeren Flossen der Weibchen erkennbar. Bei halbwüchsigen Tieren hat es sich bewährt, die Fische kurz in temperiertes Frischwasser zu setzen (Betrachtung von oben). Bei den Männchen leuchtet dann schon der gelbe Balzstrich kurz auf. In Normalfärbung ist der Rücken blau, der Unterkörper weiß.

Besonderheiten: Haltung und Zucht sind einfach, doch neigen auch diese Fische dazu, nach mehreren Generationen zu verblassen. Nur mit den schönsten Elterntieren weiterzüchten! Zwar läßt sich diese Art, wie eigentlich alle Regenbogenfische, auch schon mit halbwüchsigen Fischen züchten, aber dann ist noch unklar, ob die Farben der Erwachsenen kräftig genug sind.

Eine besondere Beobachtung gelang australischen Aquarianern. Sie beobachteten bei einigen Männchen des Kutubu-Regenbogenfisches, daß sich die untere Körperhälfte goldgelb färbte, immer nur in kurzen Abschnitten. Für jeweils Sekunden färbten sich einige der Fische auch ganz ins Goldgelbe um, ein prächtiger Anblick, der inzwischen sogar fotografisch dokumentiert werden konnte.

Melanotaenia lakamora ALLEN, 1996
Lakamora-Regenbogenfisch

Der aus dem Lakamora- und Aiwososee stammende, nahe Verwandte von *M. kamaka* ist auf dem Körper weißgelblich mit einem unterbrochenen, breiten Mittelstreifen und roten Flossen (Männchen). Die Schuppen sind durch orangefarbene Linien voneinander getrennt. Diese Fische werden bereits von Mitgliedern der IRG gepflegt und stellen keine außergewöhnlichen Ansprüche an Haltung und Zucht.

Melanotaenia maylandi ALLEN, 1982
Maylands Regenbogenfisch

Bislang nur von einigen Mamberamo-Zuflüssen in Irian Jaya bekannt. Die bis 13 cm langen Fische sind farblich recht variabel, die Körperseiten der Männchen können durchgehend mittelblau sein, bei Unwohlsein (?) zeigen sich auf der Körpermitte blauschwarze Punkte, der Restkörper erscheint dann mehr gelb.

Bislang noch nicht bei Aquarianern gehalten worden.

Melanotaenia misoolensis ALLEN, 1982
Batanta-Regenbogenfisch

ALLEN gibt an, daß es sich bei den momentan in der Aquaristik verbreiteten Batanta-Regenbogenfischen um *M. misoolensis* handelt. BLEHER, der auf beiden Inseln war, sieht jedoch Unterschiede und hält die Batanta-Regenbogenfische für eine andere, noch unbeschriebene Art. Dann wäre *M. misoolensis* noch nicht für die Aquaristik importiert worden.

Die Batanta-Regenbogenfische sind attraktiv gefärbt. Auf den Körperseiten liegt ober- und unterhalb des breiten, blauschwarzen Mittelstreifens eine blau- bis gelbgrüne Zone, die auf dem Oberkörper bis an die Schnauze reicht. Mit nur etwa 8 cm Gesamtlänge gehören sie zu den kleinen Regenbogenfischen. Haltung und Zucht sind einfach.

Melanotaenia

Melanotaenia monticola ALLEN, 1980
Gebirgs-Regenbogenfisch

Wie der Name besagt, kommt dieser Fisch in größerer Höhe vor. Die Heimatgewässer im Inneren von Papua-Neuguinea liegen zwischen 800 und 1600 m Höhe und müssen mit Temperaturen zwischen 18 und 20 °C als kühl bezeichnet werden. Der bis 12 cm lang werdende Fisch ist oberseits gelblich-grün, unterseits weißlich.

Besonderheiten: Die Haltung dieser Art ist ein bißchen problematisch, da die Fische, sollen sie über einen längeren Zeitraum gesund bleiben, immer wieder einmal in einer kühleren Periode gehalten werden müssen. Dabei wird bei Temperaturen von 15 °C sogar noch abgelaicht. Die Eier brauchen bis über 14 Tage zum Schlupf, allerdings können sie auch bei 24 bis 25 °C zum Schlupf gebracht werden, dann liegen sie nur etwa zehn Tage.

Melanotaenia mubiensis ALLEN, 1996
Türkis-Regenbogenfisch

Dieser aus den Oberläufen des Kikori River in Papua-Neuguinea stammende Regenbogenfisch wirkt wie eine blasse Ausgabe des Kutubu-Regenbogenfisches, erwachsene Männchen werden aber deutlich hochrückiger. Leider konnten noch keine Fische für die Aquaristik importiert werden.

Melanotaenia ogilbyi WEBER, 1910
O'Gilbys Regenbogenfisch

Mit einer Gesamtlänge von wohl nur 8 cm handelt es sich um einen der kleineren Regenbogenfische. Er ist bislang nur aus dem Unterlauf des Lorentz River im südlichen Irian Jaya bekannt.

Soweit bekannt, handelt es sich um einen besonders farbenprächtigen Regenbogenfisch. Der Mittelstreifen ist breit und schwarz, der Vorderkörper gelb, die Schuppenreihen leuchtend blau, die Zwischenräume orange. Auf den Flossen kommen alle diese Farben ebenfalls vor. Ein Import wäre sehr wünschenswert.

Melanotaenia oktediensis ALLEN & CROSS, 1980
Oktedi-Regenbogenfisch

Mit seinen dezenten grünlichen, bläulichen und weißen Tönen vor allem oberhalb des breiten, schwarzen Mittelstreifens eine eher dezent gefärbte Art. Die relativ schlanke Art kommt in kühleren Gewässern des westlichen Hochlands von Papua-Neuguinea vor und verträgt deswegen auch im Aquarium niedrige Temperaturen. Ansonsten gibt es keine Besonderheiten bei Haltung und Zucht.

Besonderheiten: Durch Einleitung von Abwässern aus der Erzgewinnung ist der Oktedi River selbst stark belastet. Da diese Art jedoch auch in den Nebenflüssen häufig ist, braucht sie momentan wohl noch nicht zu den gefährdeten Arten gerechnet zu werden.

Melanotaenia parkinsoni ALLEN, 1980
Orangefleck-Regenbogenfisch

Mit seinen leuchtend orangefarbenen Flecken, die sich auf dem Hinterkörper und im Ansatz der Flossen der Männchen befinden, ist es ein besonders auffälliger Regenbogenfisch, der sich besonders für große Schauaquarien handelt. Die aus der Natur bekannten 13 cm Länge können nämlich im Aquarium deutlich überschritten werden.

Melanotaenia

Männchen von Melanotaenia parkinsoni zeigen unregelmäßig angeordnete, orangefarbene Flecken auf den Körperseiten. Foto: N. Grunwald

Heimat dieser Fische ist der südöstliche Küstenstreifen von Papua-Neuguinea. Bislang wurden unter dieser Bezeichnung mehrere Varianten gehalten, auch solche ohne orangefarbene Flecken, bei denen die Artzugehörigkeit jedoch nicht ganz gesichert war. Die Temperatur der Heimatgewässer liegt bei bis zu 30 °C, ein Regenbogenfisch also für wärmere Aquarien. Haltung und Zucht sind einfach, jedoch kann auch hier nur mit erwachsenen Fischen gezüchtet werden, wenn die schöne orangefarbene Fleckung über mehrere Generationen erhalten bleiben soll.

Melanotaenia parva ALLEN, 1990
Kurumoi-Regenbogenfisch

Wie *M. angfa* stammt auch diese Art vom Isthmus zur Vogelkop Halbinsel. Dort kommt sie nur im Lake Kurumoi vor. Mit sechs Zentimeter Länge ist es einer der kleinsten Regenbogenfische. Bislang ist nur bekannt, daß die balzenden Männchen keine außergewöhnlich kräftigen Farben zeigen, aber doch recht ansprechend und vor allem sehr variabel gefärbt sind. Der Kurumoi-Regenbogenfisch wurde noch nicht im Aquarium gehalten.

Melanotaenia pierucciae ALLEN, 1996
Pieruccia-Regenbogenfisch

Ein rosafarbener Vorderkörper, ein grünlicher Hinterkörper und bläulich-türkisfarbene Flossen zeichnen diesen Regenbogenfisch aus und trennen ihn vom nahe verwandten *M. lakamora*. Er kommt aus den Zuflüssen des Lake Kamakawaiar. Auch er wird bei IRG-Mitgliedern gehalten und ist eine nicht problematische Regenbogenfischart.

Melanotaenia praecox (WEBER & DE BEAUFORT, 1910) - Neon-Regenbogenfisch

Wie vielleicht Boesemans Regenbogenfisch zuvor hat auch die Neueinführung dieser Art 1992 durch Heiko BLEHER besondere Aufmerksamkeit erweckt. Wissenschaftlich schon längst bekannt, sah Gerald ALLEN erst 1991 zum ersten Mal lebende Fische und konnte von der prächtigen Färbung berichten. Heimat der Fische ist der mittlere Mamberamo River in Irian Jaya.
Beide Geschlechter sind ähnlich gefärbt. Der gesamte Körper ist leuchtend metallisch hellblau mit einem neonartig leuchtenden Rücken, dazu bilden die roten (Weibchen gelblichroten) Flossen einen wunderschönen Kontrast. Dabei werden diese Fische nur etwa 6 cm lang, können

Melanotaenia

jedoch eine Körperhöhe von deutlich mehr als 50 % der Körperlänge erreichen. Die schöne Färbung wird schon ab etwa 2 cm Länge erreicht und kommt vor allem in etwas dunkleren Aquarien mit dunklem Hinter- und Bodengrund zur Geltung.
Besonderheiten: Die Haltung der ersten Exemplare erwies sich als nicht ganz einfach. Offensichtlich bevorzugt diese Art stärker als andere Regenbogenfische Wasserverhältnisse, die den natürlichen Gegebenheiten ähneln, also weiches bis höchstens mittelhartes Wasser mit einem leicht sauren pH-Wert. Dann handelt es sich um einen einfach zu haltenden und problemlos zu züchtenden, wunderschönen Regenbogenfisch, der in Aquarien ab 60 cm Länge gehalten werden kann.
Leider sind durch die auf den Markt drängenden Massennachzuchten auch schon schwächer gefärbte Fische und solche mit verkleinerten und verkümmerten Flossen bekannt geworden. Deswegen sind die Fische vor dem Erwerb genau zu betrachten.

Melanotaenia vanheurni (WEBER & DE BEAUFORT, 1922)
Riesen-Regenbogenfisch
Im selben Gebiet wie einer der kleinsten Regenbogenfische, nämlich der Neon-Regenbogenfisch kommt auch dieser bis zu 20 cm lang werdende Riesen-Regenbogenfisch vor. Auf gelblicher Grundfarbe verläuft ein breiter, blauschwarzer Mittelstreifen, der oben und unten von einer weißen Schuppenreihe begrenzt wird und dem Fisch ein attraktiveres Äußeres beschert.
Bisher wurde diese Art leider nur auf Irian Jaya von einem Missionar gehalten. 1992 duch Heiko BLEHER auch nach Deutschland gebracht, ist über den Verbleib dieser Exemplare nichts bekannt, jedenfalls gelangten sie nicht in die Aquaristik. Auf Irian Jaya erwies sich diese Art als problemloser Aquarienfisch, braucht aber natürlich große Aquarien ab etwa 250 l Inhalt. Das düfte einer weiten Verbreitung bei den Aquarianern etwas entgegenstehen.

Die vielleicht schönste Neueinführung der letzten Jahre ist der Neon-Regenbogenfisch, Melanotaenia praecox. Foto: G. Maebe.

Chilatherina

Gattung *Chilatherina*

Chilatherina-Arten sind schlanke Regenbogenfische, die viel freien Schwimmraum benötigen. Im Gegensatz zu *Melanotaenia* zeigen die Weibchen oft wenig Farbe und

Auch die Angehörigen der Gattung Chilatherina *zeigen schöne Farben. Hier ein Männchen von* Chilatherina bleheri. *Foto: G. Maebe.*

Chilatherina bleheri-*Weibchen. Foto: Dr. J. Schmidt.*

dürfen deswegen nicht miteinander vergesellschaftet werden, um unbeabsichtigte Kreuzungen zu vermeiden.

Chilatherina axelrodi ALLEN, 1980
Axelrods Regenbogenfisch

Obwohl bereits 1982 erstmals eingeführt, ist diese Art auch heute in IRG-Kreisen selten. Die Gründe dafür sind nicht klar. Farblich ist es eine der schlichteren *Chilatherina*-Arten, bei der die Männchen neben einem dunklen Seitenstreifen auf weißlichem Grund einige Querstreifen auf der unteren Körperhälfte zeigen. Die Flossen der bis 11 cm großen Fische sind rauchig grau.

Bislang nur aus dem Pewani River im Nordosten Papua-Neuguineas kurz vor der Grenze zu Irian Jaya bekannt.

Chilatherina bleheri ALLEN, 1985
Blehers Regenbogenfisch

Dies ist die sicherlich farbenprächtigste Art dieser Gattung. Nicht ganz erwachsene Männchen sind auf dem Vorderkörper und den Flossen bis auf die Rückenflosse goldgelb, auf dem Schwanzstiel und der Schwanzflosse kräftig orangerot. Bei großen, älteren Männchen kommen dazu grünliche bis dunkelgrüne Farben auf dem Oberkörper.

Im Lake Holmes, aus dem die Fische stammen, deren Nachkommen heute in unseren Aquarien schwimmen, und den umgebenden

Gewässern der Mamberamo Region im zentralen Irian Jaya ist die Art nicht selten. Sie wird dort bis zu 13 cm groß.

Besonderheiten: Nur in ausreichend grossen Aquarien ab 250 l Inhalt werden 13 cm Länge erreicht oder überschritten. Mit ei-

Chilatherina

nem goldgelben Balzstreifen, der beim Balzen oder Imponieren der Männchen häufig gezeigt wird, ist es ein Glanzpunkt jeden Aquariums. Die Zucht ist nicht schwierig und entspricht der der *Melanotaenia*-Arten. Haltungstemperatur: 24 bis 26 °C.

Chilatherina bulolo (WHITLEY, 1938)
Bulolo-Regenbogenfisch

Obwohl diese Art im nördlichen Papua-Neuguinea nicht selten ist, ist sie schnell nach der Ersteinführung schon wieder aus den Aquarien verschwunden. Das liegt zum einen an der bläulich-grauen, für Regenbogenfische untypisch einfarbigen Färbung der bis gut 8 cm langen Fische, aber auch daran, daß sie wohl sehr sauerstoffbedürftig sind und damit zu den schwer zu haltenden Regenbogenfischen zählen.

Chilatherina campsi (WHITLEY, 1956)
Hochland-Regenbogenfisch

Als einziger Regenbogenfisch kommt diese Art sowohl südlich als auch nördlich des Zentralgebirges im mittleren Papua-Neuguinea vor. Die Männchen schimmern bläulich, die Weibchen gelblich, insgesamt ist dieser bis zu 9 cm groß werdende Gattungsvertreter aber eher schlicht gefärbt und hat sich deshalb auch bei eingefleischten Regenbogenfischfreunden nicht durchsetzen können. Haltung und Zucht scheinen aber einfach zu sein.

Chilatherina crassispinosa (WEBER, 1913)
Silber-Regenbogenfisch

Mit einem grünlichen Ober- und einem rötlichen Unterkörper ist diese Art etwas attraktiver als der ähnliche, ebenfalls schlanke und bis 13 cm große Bulolo-Regenbogen-

fisch. Im Norden von Neuguinea ist diese Art weit verbreitet und bewohnt zahlreiche unterschiedliche Gewässertypen.
Obwohl bereits eingeführt, hat sich diese Art im Aquarium nicht etablieren können. Zu viele andere Regenbogenfische sind farblich attraktiver.

Chilatherina fasciata (WEBER, 1913)
Gestreifter Regenbogenfisch

Im selben Verbreitungsgebiet wie vorherige Art - oft zusammen mit dieser - vorkommend ist der Gestreifte Regenbogenfisch deutlich attraktiver. Der gelegentlich grünlich, aber auch orangefarben erscheinde Körper der Männchen ist im Unterkörper mit zahlreichen schwarzen Querbändern versehen. Die Weibchen sind silbergrau.
Aus dem Mamberamo River stammt eine Variante, welche die normalerweise erreichten 13 bis 14 cm deutlich überschreitet und bis zu 20 cm Länge erreicht. Im Aquarium als *Chilatherina* spec. von Mamberamo gehalten und gezüchtet, steht noch nicht eindeutig fest, ob es sich tatsächlich um diese Art handelt.

Chilatherina campsi ist der einzige Regenbogenfisch Neuguineas, der auf beiden Seiten des Zentralgebirges vorkommt. Foto: G. Maebe.

Chilatherina

Vom Mamberamo River stammen diese Chilatherina fasciata zumindest ähnlichen Fische, die aber bis zu 20 cm lang werden können.

Der „echte" Chilatherina sentaniensis ist erst seit kurzem im Aquarium. Fotos: G. Maebe.

Chilatherina lorentzi (WEBER, 1908)
Lorentz-Regenbogenfisch
Die metallisch bläulich schimmernden, gelbflossigen Männchen erreichen eine Länge bis zu 12 cm. Sie sind in ihrem Heimatgebiet, dem nördlichen Neuguinea, recht selten und bewohnen nur wenige Gewässer. Sie wurden noch nicht importiert und konnten noch nicht im Aquarium gepflegt werden.

Chilatherina price ALLEN, 1996
Azurblauer Regenbogenfisch
Zwar wurde dieser Regenbogenfisch, der farblich und grössenmäßig an *Chilatherina fasciata* erinnert, in seiner Heimat, der Insel Yapen, bereits im Aquarium gepflegt, aber noch nicht außerhalb.

Chilatherina sentaniensis (WEBER, 1908)
Sentani-Regenbogenfisch
Mit einer kürzeren Rückenflosse unterscheidet sich dieser Regenbogenfisch nur wenig von den ähnlichen und ebenfalls im Sentanisee in Irian Jaya vorkommenden *Chilatherina fasciata*. Die Schnauze ist jedoch viel spitzer, die Färbung geht mehr zu Orange und Gelb hin. Erst vor kurzem wurde diese Art tatsächlich eingeführt, alle früheren Berichte beziehen sich auf Verwechslungen mit *Chilatherina fasciata*. Haltung und Zucht sind allerdings ähnlich.

Besonderheiten: Die Zucht ist sehr einfach. Täglich können bis zu 50 Eier pro Weibchen abgegeben werden. Wie bei anderen *Chilatherina*-Arten auch können die Männchen bei der Balz etwas heftig werden, deswegen müssen im Zucht- und Haltungsaquarium ausreichend Verstecke vorgesehen sein. Aufgrund des großen Verbreitungsgebiets kommt dieser Fisch mit den unterschiedlichsten Wasserbedingungen gut zurecht.

Glossolepis

Gattung *Glossolepis*

Daß die mittleren Flossenstrahlen der hinteren Rücken- und der Afterflosse länger sind als die hinteren, ist ein wichtiges äußeres Unterscheidungsmerkmal der Angehörigen dieser Gattung zu ihren Verwandten.

Glossolepis incisus WEBER, 1908
Lachsroter Regenbogenfisch

Mitte der 70er Jahre wurde dieser prächtige Regenbogenfisch zum ersten Mal nach Deutschland importiert und gehört seitdem zu den am häufigsten angebotenen und gehaltenen Regenbogenfischen. In seinem Heimatgewässer, dem Sentanisee bei Jayapura, der Hauptstadt von Irian Jaya, ist er sehr häufig, ebenso in einigen Zuflüssen in direkter Seenähe.

Die Männchen haben einen lachsroten Unter- und einen gelblichroten, gelegentlich ebenfalls lachsroten Oberkörper. Auf den Körperseiten liegen einige silbrige oder braunrote Schuppen. Auch alle Flossen sind rot. Die Weibchen sind dagegen ebenso wie die Jungtiere braun mit einem silbernen Anflug auf den seitlichen Schuppen. Während im Sentanisee eine Länge von vielleicht 15 cm erreicht werden kann, sind in der Aquaristik schon über 20 cm lange Exemplare erzielt worden, allerdings nur in Aquarien über 500 Liter Inhalt. Weniger als 250 Liter sollten die Aquarien für die Haltung dieser Art nicht sein.

Besonderheiten: Zur Zucht, die grundsätzlich sehr einfach ist, können Aquarien ab etwa 100 Liter Inhalt verwendet werden. Da die Männchen bei der Balz jedoch sehr aggressiv sein können, sollten die Weibchen immer in einer leichten Überzahl vorhanden sein, auch müssen ausrei-

In der Natur sind die Männchen des lachsroten Regenbogenfischs auf der Oberseite oft goldgelb gefärbt. Foto: G. Maebe.

Aber auch lachsrote Männchen zeigen silberne Schuppen. Foto: W. Maleck.

67

Glossolepis

Am Ufer des Sentanisees lassen sich relativ leicht Boote mieten, mit denen der See befahren werden kann.

Mit einem Zugnetz lassen sich leicht einige der wunderschönen Glossolepis incisus einfangen. Fotos: G. Maebe.

diese Art selten, häufig jedoch in den flachen Seitenbereichen in trübem Wasser. Feldforscher konnten nachweisen, daß sich dieser bis zu 14 cm groß werdende Fisch darauf spezialisiert hat, in der zeitweise überschwemmten Vegetation dieser Flachbereiche abzulaichen.

chend Verstecke eingerichtet werden. Während der Balz zeigen die Männchen ihren gelben Balzstrich. Die Weibchen legen täglich bis über 50 Eier, die kleinen Jungfische schlüpfen nach etwa sieben Tagen. Sie sind wie andere Jungfische aufzuziehen.

Glossolepis maculosus ALLEN, 1981
Gefleckter Regenbogenfisch

Auffällig bei dieser, mit 6 cm kleinsten *Glossolepis*-Art ist der zu einzelnen Punkten aufgelöste Mittelstreifen der Männchen. Oberseits grün, auf dem Hinterkörper orangegelb sind sie attraktiv gefärbt.
Ihre Heimat liegt im nördlichen zentralen Papua-Neuguinea, dort kommen sie aber nur in wenigen Gewässern vor. Haltung und Zucht sind einfach.

Glossolepis multisquamatus (WEBER & DE BEAUFORT, 1922) - Sepik-Regenbogenfisch

Im Sepik River und anderen Flüssen des nördlichen Papua-Neuguinea findet man diese Art selten, häufig jedoch in den flachen Seitenbereichen in trübem Wasser. Feldforscher konnten nachweisen, daß sich dieser bis zu 14 cm groß werdende Fisch darauf spezialisiert hat, in der zeitweise überschwemmten Vegetation dieser Flachbereiche abzulaichen.
Dieser Regenbogenfisch kann farblich sehr variieren. Die Körperfarben der Männchen, wie auch die der Flossensäume, können hellgrün, orangegelb oder auch rötlich sein. Aus dem Lake Kli stammt ein Regenbogenfisch, der auch zu dieser Art gehören soll, aber kräftig rote Farben zeigt und zu den besonders farbschönen Regenbogenfischen zählt.
Besonderheiten: Obwohl leicht züchtbar, ist diese Art im Aquarium selten. Neuerdings werden die Fische aus dem Lake Kli vermehrt angeboten.

Glossolepis

Glossolepis pseudoincisus
ALLEN & CROSS, 1980
Tami-Regenbogenfisch
Obwohl nur 22 km südöstlich von Jayapura entdeckt, ist diese Art aquaristisch unbekannt, weil die indonesische Regierung einen Besuch in dieser Gegend verbietet. Deswegen ist von diesen wahrscheinlich bräunlich-silbernen, mindestens 10 cm groß werdenden Regenbogenfischen nicht einmal die Lebendfärbung bekannt.

Glossolepis ramuensis
ALLEN, 1985
Ramu-Regenbogenfisch
Mit einer Gesamtlänge von knapp 8 cm gehört dieser Regenbogenfisch zu den kleinen *Glossolepis*-Arten. Die Färbung erinnert an *M. affinis*. Diese Art ist nur aus einem kleinen Gebiet im Tal des Ramu und einigen Zuflüssen des Gogol River in Papua-Neuguinea bekannt.
Leider wird diese attraktive Art nicht sehr häufig gehalten. Dabei sind Haltung und Zucht nicht schwer.

Glossolepis wanamensis
ALLEN & KAILOLA, 1980
Wanam-Regenbogenfisch
Die Entscheidung, ob der Lachsrote oder der Wanam-Regenbogenfisch der schönere Vertreter dieser Gattung ist, fällt sicher schwer. Balzende Männchen des Wanam-Regenbogenfischs sind auf der oberen Körperhälfte und im hinteren Unterkörper smaragdgrün, ebenso wie die Flossen diese Farbe zeigen. Der vordere Unterkörper ist orangegelb, die Schuppenränder ebenfalls grün. Auf der großen Afterflosse der Männchen zeigt sich eine goldgelbe Färbung. Die Weibchen sind zwar etwas blasser, aber immer noch attraktiv. Heimat der Fische ist der Wanamsee im zentralen Papua-Neuguinea. Bei einer

Diese Fische vom Lake Kli aus dem Bereich des Mamberamo River sollen zu Glossolepis multisquamatus gehören, unterscheiden sich aber vor allem durch die größere Afterflosse.

Nur aus dem Wanamsee sind die Wanam-Regenbogenfische Glossolepis wanamensis bekannt. Die Männchen haben eine stark vergrößerte Afterflosse. Fotos: G. Maebe.

69

Weitere Regenbogenfische

Männchen von Cairnsichthys rhombosomoides. *Foto: H. Hieronimus.*

Gesamtlänge von 13 cm sind große Aquarien für die Haltung notwendig. Nach ALLEN sollen diese Fische gegen abrupte Änderungen der Wasserverhältnisse empfindlich sein, andere Aquarianer konnten dies nicht bestätigen.

Besonderheiten: Die Zucht ist zwar einfach, aber leider verblaßen die wunderschönen Farben der Fische bei einer Vielzahl der Nachkommen. Deswegen darf nur mit den schönsten Elterntieren weitergezüchtet werden, wenn diese Fische in ihrer ursprünglichen Pracht erhalten bleiben sollen.

Weitere Regenbogenfische

Drei Arten von Regenbogenfischen wurden jeweils in einer eigenen Gattung beschrieben, weil sie sich von allen anderen Regenbogenfischen unterscheiden.

Cairnsichthys rhombosomoides (NICHOLS & RAVEN, 1928) **- Cairns-Regenbogenfisch**
Die relativ blassen, bis zu 8 cm langen, kleinflossigen und schlanken Regenbogenfische stammen aus dem Nordosten von Queensland. Der Mittelstreifen ist in der hinteren Körperhälfte schuppenbreit sichtbar, darunter liegt ein farbloser Bereich. Der Rücken ist grünlich, die Flossen rötlich.

Besonderheiten: Leider sind diese Fische beim Fang und Transport empfindlich. Einmal eingewöhnt sind sie unproblematisch. Wasserwechsel sind zwar regelmäßig, aber nur in kleinen Mengen vorzunehmen, auch andere plötzliche Milieuänderungen sind zu vermeiden.

Die Zucht ist nicht problematisch, allerdings wird nur bei zusagenden Bedingungen abgelaicht. Ein leicht alkalischer pH-Wert, weiches Wasser und eine Temperatur zwischen 24 und 26 °C sind empfehlenswert.

Iriatherina werneri MEINKEN, 1974
Schmetterlings-Regenbogenfisch
Wie der Zwergregenbogenfisch kommt auch diese Art sowohl auf Cape York in Australien als auch im gegenüberliegenden Bereich von Papua-Neuguinea vor und ist dort häufig. Die Männchen haben eine segelartige erste Rückenflosse, die mittleren Strahlen der Bauch-, After- und zweiten Rückenflosse sind lang ausgezogen, die hinteren Flossen bis körperlang. Die äußeren Strahlen der Schwanzflosse sind deutlich verlänger. Die Oberhälfte des Körpers ist - je nach Lichteinfall - metallisch gelblich bis blau, die Unterseite gelblich, die Flossen rauchgrau, vor allem die äußeren Strahlen der Afterflosse sind rot. Weibchen sind gelblich und haben kurze Flossen.

Die Fische werden normalerweise nur bis 4 cm groß, von Cap York wurden jedoch auch Varianten beschrieben, die bis 7 cm lang werden. Je nach Herkunft können leichte Färbungsunterschiede auftreten.

Weitere Regenbogenfische

Iriatherina werneri-Männchen. Foto: Aqualife Taiwan.

Besonderheiten: In einem Gesellschaftsaquarium gehen diese Fische allzuleicht unter. Deswegen sollten sie in einem Artaquarium gepflegt werden. Mit ihrem kleinen Maul können sie auch nur kleine Futterbrocken bewältigen. Das Wasser sollte leicht sauer und weich sein. Dunkle Rückwand und dunkler Bodengrund erhöhen die Farbwirkung der Männchen.

Die Balz ist imposant. Balzende und imponierende Männchen klappen ihre erste Rückenflosse wie ein Schmetterling im Flug auf und zu, auch die anderen Flossen werden bewegt.

Gut mit Lebendfutter (*Artemia*-Nauplien, kleine Wasserflöhe) gefütterte Weibchen zeigen schnell Laichansatz. Bis über zehn Eier können täglich abgelaicht werden. Die Jungfische können mit feinstem Lebend- oder Trockenfutter aufgezogen werden. Diese Art ist etwas empfindlich gegen plötzliche Milieuänderungen, deswegen sind Umsetzen und Wasserwechsel nur vorsichtig vorzunehmen.

In den ersten Jahren nach der Einführung 1974 wurden nur Männchen verkauft. Der (Berufs-)Züchter dieser Art verfütterte die Weibchen lieber und gab nur Männchen ab, zu stolzen Preisen. Dieses aquarianerfeindliche Verfahren wurde zeitweise auch bei einigen Blauaugen angewandt. Die ersten Weibchen des Sonnenstrahl-Regenbogenfischs sollen dem Züchter Anfang der 80er Jahre gestohlen worden sein. Inzwischen werden durchgängig beide Geschlechter angeboten.

Rhadinocentrus ornatus REGAN, 1914
Pracht-Regenbogenfisch

Mit seiner walzenförmigen Körperform ist diese bis 6 cm lang werdende Art, die im Osten von Queensland und New South Wales sowie auf vorgelagerten Inseln vorkommt, leicht von allen anderen Regenbogenfischen zu unterscheiden. Der Körper ist bläulich, die Schuppenränder dunkel gesäumt. Die Flossen sind bläulich oder röt-

Weitere Regenbogenfische

lich, je nach Fangort gibt es hier Unterschiede. Über den Oberkörper zieht sich auf beiden Körperseiten bei Wohlbefinden eine metallisch glänzende Schuppenreihe, die zu leuchten scheint. Auch hier sind eine dunkle Rückwand sowie ein dunkler Bodengrund empfehlenswert.

Da mehrere Farbformen bekannt sind, werden auch diese Fische von den Regenbogenfischfreunden mit Fundortangabe gehalten und weitergegeben.

Besonderheiten: Die Zucht ist relativ einfach. Werden Jungfische (etwa zehn in einem mindestens 60 Liter großen Aquarium) zusammengesetzt, so kommen bald neben den Erwachsenen ausreichend Jungtes Wasser deutlich bevorzugt. Ein leicht saurer pH-Wert mit weichem Wasser und einer Temperatur, die im Jahresverlauf zwischen 20 und 28 °C schwankt, entspricht am ehesten den natürlichen Verhältnissen. Diese Art ist schnellwüchsiger als die meisten anderen Regenbogenfische.

Blauaugen - Familie Pseudomugilidae

Diese Familie besteht aus nur drei Gattungen, *Kiunga, Pseudomugil* und *Scaturiginichthys*. Allerdings lassen sich die Angehörigen von *Pseudomugil* in mehrere Artengruppen einteilen. Alle Angehörigen dieser Familie bevorzugen die oberen und mittle-

Auch eine xanthoristische Variante von Rhadinocentrus ornatus wird im Aquarium gehalten. Foto: H. Hieronimus.

fische auf. Ansonsten kann die Zucht wie bei den anderen Regenbogenfischen erfolgen. Allerdings wird sauberes, gut gefilterren Wasserbereiche des Aquariums und nehmen vom Boden nur äußerst selten Futter auf.

Kiunga

Gattung *Kiunga*

Von den anderen Blauaugen unterscheidet sich diese Gattung durch einen robusteren Körper und deutlich segelartig vergrößerte Rücken- und Afterflosse der Männchen. Der Körper ist transparent, die Augen blau.

Kiunga ballochi ALLEN, 1983
Kiunga-Blauauge

Bei dieser Art sind die Flossen der Männchen transparent, aber an ihrer Grenze erst gelb, dann schwarz gesäumt, einschließlich der Schwanzflosse. Trotz der dezenten Färbung ergibt sich für diese bis zu 3 cm großen Fische ein attraktives Bild.

Die Fische sind nur aus der Umgebung von Kiunga im Bereich des oberen Fly River in Papua-Neuguinea bekannt. Sie sind transportempfindlich und brauchen auch im Aquarium klares, sauerstoffreiches Wasser. Einmal eingewöhnt, sind sie aber gut zu halten. Die Zucht ist wahrscheinlich ähnlich zu der der anderen Blauaugen.

Besonderheiten: Einem Amerikaner gelang 1994 bei der Suche nach *Kiunga ballochi* die Entdeckung einer neuen *Kiunga*-Art, die noch von ALLEN beschrieben wird. Ihre Flossen sollen kleiner sein, ansonsten sind sich beide Arten ähnlich. Nach dem Autor vorliegenden Berichten gelang ihm der Import dieser Fische in die USA und auch die Nachzucht, 1997 sollen die Fische erstmals in den USA auf den Markt kommen.

Pseudomugil furcatus-Gruppe

1981 stellte ALLEN für die Angehörigen dieser Gruppe eine neue Gattung auf: *Popondetta*. Obwohl dieser 1987 durch *Popondichthys* ersetzt werden mußte (eine Käfergattung hatte bereits vorher den Namen *Popondetta* erhalten, in der Zoologie darf jedoch jeder Gattungsname nur einmal existieren) und 1989 sogar ganz zu *Pseudomugil* gestellt wurde, hielt sich diese Bezeichnung für die beiden Arten bis heute. Das liegt sicher daran, daß sie gerade in der Zeit der Gültigkeit von *Popondetta* nach Deutschland importiert worden waren. Die Angehörigen dieser Gruppe gehören zu den größten Blauaugen.

Pseudomugil connieae
(ALLEN, 1981)
Popondetta-Blauauge

Dieses Blauauge stammt aus dem Osten Papua-Neuguinea und ist nur aus der direkten Umgebung der Ortschaft Popondetta bekannt. Die Männchen sind bläulich mit orangegelbem Bauch, alle Flossen sind in

Pseudomugil connieae gehören zu den großen, aber etwas schwieriger zu züchtenden Blauaugen. Foto: G. Maebe.

73

Pseudomugil

Kaum jemand kann sich dem Eindruck der wunderschönen Farbkompsition des Gabelschwanz-Regenbogenfischs Pseudomugil furcatus entziehen. Foto: N. Grunwald.

der Mitte schwarz und am Ende gelb gefärbt, die Basis ist transparent. Zusätzlich zu dem feinen Seitenstreifen sind die Flossen auf dem Oberkörper dunkel gerundet. Die Weibchen sind deutlich blasser und ohne gefärbte Flossen. Beide Geschlechter erreichen bis zu 6 cm Länge.

Besonderheiten: Die Zucht dieser Art ist schwieriger als die des Gabelschwanz-Blauauges. Jedes Weibchen legt täglich ein bis drei Eier, die zwei bis drei Wochen bis zum Schlupf brauchen. Die Haltungsaquarien, die mindestens 50 Liter Inhalt haben sollten, sollten gut bepflanzt sein, dann kommen auch immer wieder Jungfische im Haltungsaquarium durch. Blauaugen sind relativ schnellwüchsig, nach drei bis vier Monaten sind sie geschlechtsreif. Die Jungfische sind etwas empfindlich, das Wasser sollte einen alkalischen pH-Wert haben, relativ weich sein und eine Temperatur zwischen 24 und 27 °C haben.

Pseudomugil furcatus
NICHOLS, 1955
Gabelschwanz-Blauauge

Bislang ist diese Art nur aus Gewässern nahe der Ortschaften Pumani und Safia, nicht allzuweit von Popondetta entfernt, im nordöstlichen Papua-Neuguinea bekannt. Mit bis zu sieben cm Länge, die im Aquarium erreicht werden können, ist es das größte Blauauge. Die Männchen haben einen gelben Körper, einen orangefarbenen Bauch, an der Basis transparente, ab der Mitte gelbgesäumte Flossen und eine außen schwarz abgegrenzte Schwanzflosse. Die Flossen sind größer als die der Weibchen, die auch kaum Farbe zeigen.

Besonderheiten: Die Zucht ist identisch mit der des Popondetta-Blauauges, allerdings sind die Jungfische scheinbar weniger empfindlich. Dadurch ist die Zucht produktiver.

Pseudomugil signifer-Gruppe

Bei diesen Blauaugen ist die erste Rückenflosse ausgezogen, die zweite eher deltaförmig, ebenso die Afterflosse. Die äußeren Flossenstrahlen der Afterflosse sind farbig.

Pseudomugil

Pseudomugil cyanodorsalis ALLEN & SARTI, 1983
Blaurücken-Blauauge
Diese Art kommt fast ausschließlich in Brackwassergebieten von Western Australia und des Northern Territory vor. Kurzfristig wird auch reines Süßwasser vertragen, allerdings nicht auf Dauer.
Diese Blauaugen werden nur drei Zenti-

meter lang. Die Männchen sind mit ihren gelbschwarzen Flossen, die beim Imponieren und bei der Balz aufgestellt werden, sowie dem metallisch blauen Körper attraktive Aquarienbewohner.
Besonderheiten: Die Fische müssen in Artenaquarien ab etwa 30 Liter Inhalt gepflegt werden. In der Natur kommen sie in großen Schwärmen vor, deswegen sollten auch im Aquarium mindestens zehn Exemplare gepflegt werden. Auf Pflanzen muß wegen des notwendigen Salzzusatzes, der zwischen 10 und 20 g/l Wasser betragen soll, verzichtet werden. Als Ablaichhilfen werden Mops eingebracht. Die frischgeschlüpften Jungfische schwimmen dicht unter der Oberfläche. Einige Aquarianer hatten große Erfolge mit einem kleinen Überlauf, über den nur die Jungfische in ein separates Abteil schwimmen können. Im Brackwasser halten sich *Artemia*-Nauplien tagelang, deswegen stehen die Jungfische im Futter und wachsen schnell so weit heran, daß sie zu den Alttieren gesetzt werden können.

Pseudomugil majusculus IVANTSOFF & ALLEN, 1984 - **Kap-Blauauge**
Die bis 5 cm lang werdenden Kap-Blauaugen haben einen robusteren Körperbau als die meisten anderen Blauaugen. Sie stammen aus dem östlichen Papua-Neuguinea und werden auch auf den östlich vorgelagerten Inseln gefunden. Der Körper ist gelb und erinnert farblich an *P. signifer*. Aquaristisch ist diese Art noch unbekannt.

Pseudomugil mellis ALLEN & IVANTSOFF, 1982
Honig-Blauauge
Lange Zeit wurde diese Art für eine Variante von *P. signifer* gehalten. Sie kommt nur im Nordosten Queenslands vor und erreicht kaum 3 cm Länge. Die Flossen der Männchen sind kaum ausgezogen bzw. vergrößert, aber zweite Rücken- und Afterflosse sind gelb mit einem schwarzen Rahmen und einem weißen Saum, die anderen Flossen außen schwarz mit weißem Saum.
Besonderheiten: Obwohl bereits mehrfach importiert, gelingt die Zucht erst in letzter Zeit in befriedigendem Umfang. Dabei ist sie nicht sonderlich schwer, Weibchen können bis zu zehn Eier täglich ablegen (meist sind es aber nur ein bis zwei).

Pseudomugil cyanodorsalis ist ein typischer Brackwasserbewohner. Foto: G. Maebe.

Pseudomugil

Das Pazifische Blauauge Pseudomugil signifer ist im Osten Australiens weit verbreitet. Foto: G. Maebe.

Pseudomugil novaeguineae WEBER, 1908
Neuguinea-Blauauge

Obwohl dieses gut 4 cm groß werdende Blauauge im westlichen bis zentralen Neuguinea im Süßwasser weit verbreitet ist, wurde es bislang nicht importiert. Die Fische sind blaß bläulich mit fast vollkommen transparenten Flossen. Anderslautende Berichte über den Import beruhen darauf, daß unter diesem Namen zeitweise *P. gertrudae* eingeführt wurde.

Pseudomugil signifer KNER, 1865
Pazifisches Blauauge

Normalerweise erreichen diese Blauaugen nur eine Länge von 4 cm, nur einige Fundortformen werden länger. Die Flossen der Männchen sind an der Basis schwarz, hinten orange und an den Spitzen weiß, die Schwanzflosse außen schwarz mit einem feinen weißen Rand. Der Körper ist orangeweißlich. Die Weibchen sind dagegen relativ unscheinbar.

Entlang der pazifischen Küste Australiens von Nord-Queensland bis weit nach New South Wales hinein werden küstennahe Gewässer bis hin zum Brackwasser besiedelt. Aufgrund des großen Verbreitungsgebietes gibt es zahlreiche Varianten. Besonders schön sind die Pazifischen Blauaugen aus dem Harvey Creek und einigen umgebenden Bächen, die nicht nur größer (bis zu 6 cm) werden, sondern deren Männchen auch eine erste Rückenflosse haben, die - ausgeklappt, was beim Imponieren und Balzen der Fall ist - fast körperlang sein kann.

Besonderheiten: Im südlichen Verbreitungsgebiet dieser Art werden im Südwinter Temperaturen von nur 15 °C erreicht, im Norden jedoch auch 28 bis 30 °C. Deswegen ist es das anpassungsfähigste Blauauge. Allerdings wird hartes Wasser, das auch einen leichten Salzzusatz von etwa einem bis zwei Teelöffeln auf zehn Liter Wasser haben kann, bevorzugt.

Die Zucht ist einfach. Aus den großen Eiern schlüpfen die Jungen nach gut vierzehn Tagen und können sofort mit *Artemia*-Nauplien und feinstem Flockenfutter gefüttert werden. Die Jungfische wachsen schnell heran und sind schon im Alter von drei Monaten geschlechtsreif.

Pseudomugil

Pseudomugil gertrudae-Gruppe

Bei diesen Fischen sind die Flossen der Männchen mäßig ausgezogen, aber deutlich mit dunklen Punkten durchsetzt. Die Weibchen zeigen die gleichen Körperfarben, jedoch kleinere und weniger gepunktete Flossen.

Pseudomugil gertrudae WEBER, 1911
Gepunktetes Blauauge

Aus zahlreichen Gewässern im Küstenbereich von Australien und im südlichen Neuguinea sowie den zwischengelagerten Inseln bekannt. Die meisten Vorkommen sind eher inselförmig.

Aufgrund der eher punktförmigen Vorkommen gibt es zahlreiche Fundortvarianten. So sind bei einigen Formen die Flossen der Männchen deutlich fahnenartig vergrößert, jedoch feiner gepunktet, die Körperfarbe variiert von weiß und bläulich bis gelb.
Besonderheiten: Mit einer Länge bis zu knapp 4 cm ist es ein mittelgroßes Blauauge, das leicht zu züchten ist. Bevorzugt sollte ein Daueransatz benutzt werden, bei dem die Eier oder frischgeschlüpften Jungfische, die dicht unter der Wasseroberfläche schwimmen, entnommen werden. Mit *Artemia*-Nauplien sind sie leicht aufzuziehen.

Pseudomugil paskai ALLEN & IVANTSOFF, 1986
Paska-Blauauge

Unterschiede zu *P. gertrudae* sind die lang ausgezogenen Bauchflossen und die lange erste Rückenflosse, auch die zweite Rückenflosse und die Afterflosse laufen spitz zu. An der Ober- und Unterseite der Schwanzflosse sitzt je ein weißer bis orangefarbener Tüpfel. Heimat sind einige Flüsse im oberen Fly River, es ist also ein reiner Süßwasserbewohner. Ansonsten sind die Fische, was Aussehen, Haltung und Zucht angeht, mit *P. gertrudae* gleich.

Pseudomugil tenellus-Gruppe

Die Angehörigen dieser Gruppe zeichnen sich durch weniger ausgezogenen Flossen aus und sind insgesamt fast alle etwas dezenter gefärbt.

Pseudomugil inconspicuus ROBERT, 1978
Unscheinbares Blauauge

Der Name ist Programm. Obwohl an der Küste Neuguineas und im Northern Territory um Darwin weit verbreitet und gelegentlich häufig, ist diese transparente Art von bis zu 4 cm Länge aquaristisch noch fast unbekannt.

Pseudomugil paludicola ALLEN & MOORE, 1981
Sumpf-Blauauge

Nur etwas mehr Farbe als sein Vorgänger zeigt dieses Blauauge, wenn auch der metallisch leuchtende Rücken - bei richtiger Ein-

Wie alle Blauaugen spreizt auch das Männchen von Pseudomugil gertrudae *seine Flossen bei der Balz.*
Foto: W. Maleck.

77

Scaturiginchthys

In Prachtfärbung gehören Pseudomugil tenellus, hier zwei imponierende Männchen, zu den schönsten Blauaugen. Foto: W. Heemskerk.

richtung - zu leuchten scheint. Die bis zu 32 mm langen Fische stammen aus dem südlichen Neuguinea. Im Aquarium haben sie sich nicht durchsetzen können.

Pseudomugil reticulatus ALLEN & IVANTSOFF, 1986 - Vogelkop-Blauauge

Im Gebiet der Ajamaruseen auf der Vogelkop-Halbinsel bislang nur in einem einzigen Exemplar gefunden. Der Körper ist orange, die recht großen Flossen gelb bis rot, ein attraktives Blauauge, das hoffentlich auch den Weg in unsere Aquarien findet.

Pseudomugil tenellus TAYLOR, 1964 Zwerg-Blauauge

Von Cape York und der Umgebung von Darwin sicher nachgewiesen, aber auch an einigen Stellen auf Neuguinea vorkommend. In Normalfärbung sind die bis 35 mm

nen Kontrast. Die Zucht ist einfach, die Fische wachsen schnell heran.

Gattung *Scaturiginchthys*

Scaturiginchthys vermeilipinnis IVANTSOFF, UNMACK, SAEED & CROWLEY, 1991 Rotflossen-Blauauge

Dieses nur 2,5 cm groß werdende Blauauge ist bislang nur aus sechs Teichen in Zentralqueensland bekannt. Der Körper ist bläulich, die Flossen der Männchen kräftig rot abgesetzt, dies gibt dem Fisch ein angenehmes Äußeres. Leider wurden in der Natur bereits Gambusen in einigen der Teiche beobachtet.

Besonderheiten: Die ersten Fischen laichten problemlos in den Aquarien ab, auch die Nachzucht schien einfach und genauso wie bei den anderen Blauaugen. Dann jedoch sah es so aus, als würden die Fische im Aquarium aussterben, weil keine Nachzuchten mehr erzielt wurden. Erst Norbert GRUNWALD aus Wuppertal entdeckte durch Zufall bei bereits drei Jahre alten Fischen, wie sie zum Ablaichen gebracht werden können. Er hält die Fische in einem Gewächshaus, das sich tagsüber bei Sonnenschein bis 30 °C aufheizt, nachts jedoch auf 21 bis 22 °C abkühlt. Dies könnte den natürlichen Verhältnissen entsprechen. Zumindest laichten die Fische noch einmal ab, wenn auch wenige Eier, und es kann jetzt gehofft werden, daß diese Art im Aquarium erhalten bleibt. Weitere Naturentnahmen sind nicht nur verboten, sondern müssen auch wegen der relativ geringen Stückzahl im natürlichen Biotop unterbleiben.

langen Fische eher grau, in Prachtfärbung (dunkle Aquarien) bildet der rauchgraue Körper mit den roten Flossen einen schö-

Literaturverzeichnis

ALLEN, G. R. 1991. Field guide to the freshwater fishes of New Guinea. Madang, Papua-Neuguinea.

ALLEN, G. R. 1996. Faszinierende Regenbogenfische. 2 Aufl., Tetra Verlag, Melle.

ALLEN, G. R. & Cross, N. J. 1982. Rainbowfishes of Australia and Papua New Guinea. TFH Publications, New Jersey.

GONELLA, H. 1996. Regenbogenfische. bede-Verlag, Ruhmannsfelden.

LEGGETT, R. & MERRICK, J. R. 1987. Australian native fishes for aquariums. J. R. Merrick Publications, Sydney.

SCHUBERT, P. 1989. Regenbogenfische. 2. Aufl., Urania-Verlag, Leipzig.

sowie folgende Zeitschriften:
„Regenbogenfisch", Zeitschrift der Internationalen Gesellschaft für Regenbogenfische.

„Fishes of Sahul", Zeitschrift der Australia New Guinea Fishes Association.

„Rainbow Times", Zeitschrift der Rainbowfish Study Group.

Kontaktadresse:
H. Hieronimus
Postfach 170209
D-42624 Solingen

Nachtrag
Erst 1997 wurde eine weitere Regenbogenfischart beschrieben, die hier der Vollständigkeit halber mit aufgeführt werden soll.

Melanotaenia sylvatica, ALLEN 1997
Wald-Regenbogenfisch.
Aus dem Lakekamu-Becken im Südosten von Papua-Neuguinea beschrieben. Dort werden ein bis drei Meter breite, im Wald gelegene Bäche besiedelt (sylvatica bedeutet „aus dem Wald"), aber auch einige nichtbeschattete Bäche.

Die Fische werden bis zu sieben cm lang. Die Grundfarbe ist gelblich-bronzefarben, mit einem schmalen, braun-orangen Streifen zwischen jeder Schuppenreihe . Ein Seitenband ist teilweise sichtbar. Rücken- und Afterflossen sind gelblich-grau mit weißem Band.
Besonderheiten: Diese Art gehört zur *M. macullochi*-Artengruppe.
Sie wurde noch nicht nach Europa eingeführt

Mit der neuen Erfolgsreihe aus dem bede-Verlag bieten wir Ihnen zu Ihren Aquarienfischen das passende Buch.
Sie möchten in die Aquaristik einsteigen, oder Sie brauchen wertvolle Tips zur Haltung und Zucht Ihrer Fische, dann ist unsere neue Reihe genau das Richtige. Jeder der 24 Titel umfaßt 80 Seiten und ca. 80-100 faszinierende Farbaufnahmen.
Für nur DM 19,80 je Titel ein aquaristisches Muß für Hobby-Aquarianer.

Zwergcichliden
ISBN 3-931 792-29-3

Tanganjikaseecichliden
ISBN 3-931 792-44-7

Malawiseecichliden
ISBN 3-931 792-25-0

Corydoras-Panzerwelse
ISBN 3-931 792-26-9

Guppies
ISBN 3-931 792-28-5

Piranhas
ISBN 3-931 792-27-7

Skalare
ISBN 3-931 792-30-7

Diskus
ISBN 3-931 792-24-2

Guramis und Fadenfische
ISBN 3-931 792-48-X

Regenbogenfische
ISBN 3-931 792-45-5

Aquarienpflanzen
ISBN 3-931 792-66-8

Kaiser- und Falterfische
ISBN 3-931 792-47-1

Tropheus-Cichliden
ISBN 3-931 792-65-X

Das funktionierende Meerwasseraquarium
ISBN 3-931 792-46-3

Harnischwelse
ISBN 3-931 792-67-6

Amanos Naturaquarien
ISBN 3-931 792-68-4

Killifische
ISBN 3-931 792-69-2

Paludarium
ISBN 3-931 792-70-6

Koikarpfen
ISBN 3-931 792-71-4

Wirbellose im Meerwasseraquarium
ISBN 3-931 792-72-2

Gesunde Fische
ISBN 3-931 792-73-0

Salmler
ISBN 3-931 792-74-9

Welse
ISBN 3-931 792-75-7

Schleierkampffische
ISBN 3-931 792-76-5

Fordern Sie unverbindlich unseren Gesamtprospekt an!